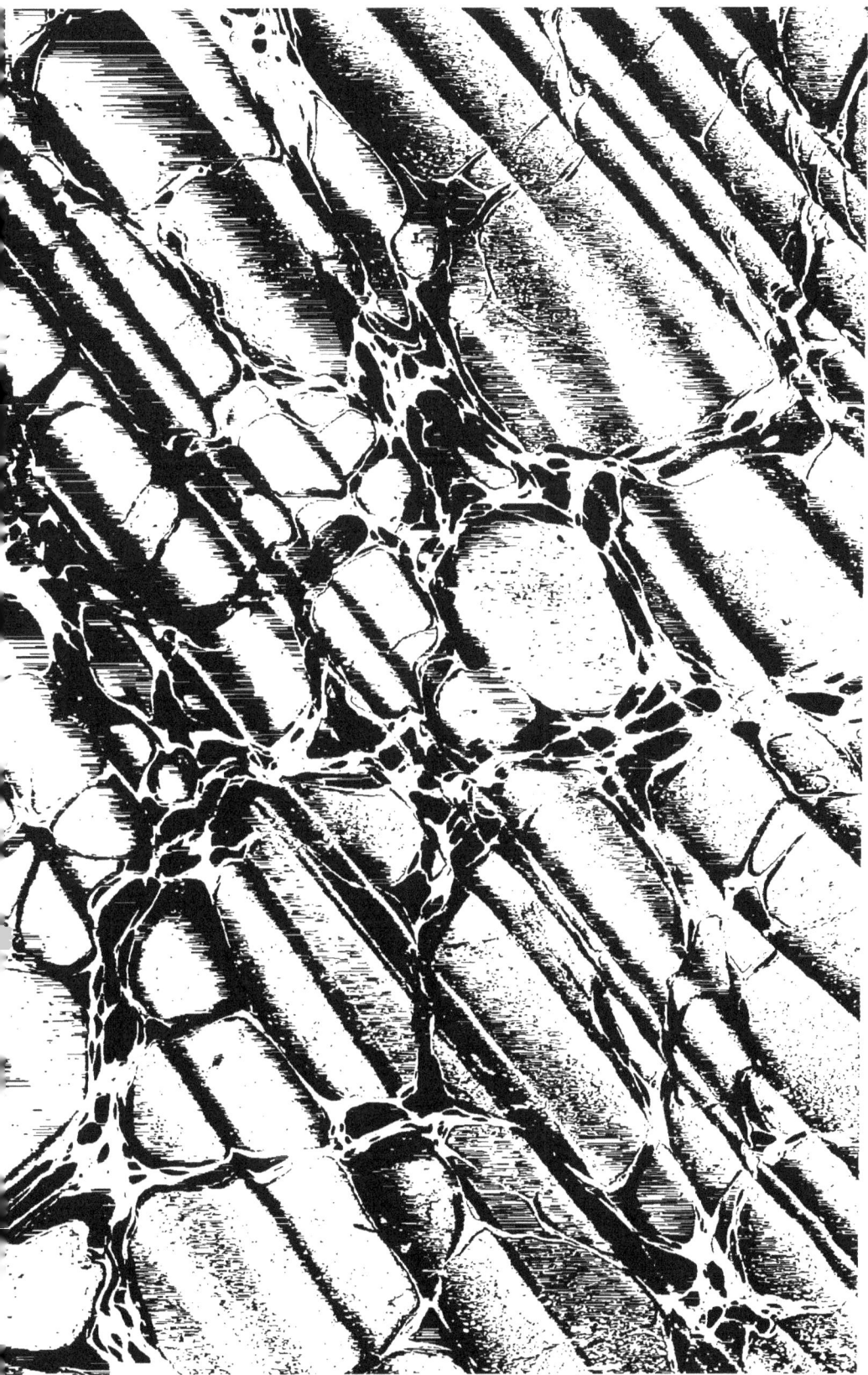

F

C.

INSTRUCT.
sur
l'enregistrem.
domaines
et droits
y réunis.
3ᵉ année.
N°. 73 à 99.

INSTRUCTIONS

SUR

L'ENREGISTREMENT,

DROITS Y RÉUNIS,

ET

DOMAINES NATIONAUX,

Rédigées par une Société d'Employés de la Régie de l'Enregistrement et du Domaine National.

TROISIÈME ANNÉE.

———

SE TROUVE A PARIS,

Au Bureau des Rédacteurs, rue Projettée Choiseul, numéro premier.

———

AN IX.

Tous les Exemplaires de cette Collection seront contresignés par l'un des Rédacteurs et empreints du cachet de la Société.

POUR LA SOCIÉTÉ.

INSTRUCTIONS

SUR

L'ENREGISTREMENT,

DROITS Y RÉUNIS,

ET

DOMAINES NATIONAUX.

ART. 630.

ENREGISTREMENT.

DÉCLARATION POUR SUCCESSION.

Le douaire coutumier a-t-il son effet pour les mariages contractés avant le 17 nivôse an 2 ?

Les veuves sont-elles tenues d'en faire la déclaration, lors même qu'elles n'ont fait aucun acte de propriété.

Pour décider cette question, il faut consulter la coutume des lieux.

L'article 367 de celles de Normandie, porte que la femme gagne son douaire *au coucher.*

L'article 368 veut que ce douaire ne soit dû que du jour qu'il est demandé, s'il n'est autrement convenu par le traité de mariage.

Dans l'espèce présente, a-t-on dit, la veuve n'a qu'un droit falcultatif, si elle n'en use point, elle ne peut être soumise au droit d'enregistrement.

Il suffit de se fixer sur les propres expressions de la coutume, pour détruire ce raisonnement.

L'article 367 accorde le *douaire coutumier* par le seul fait de l'habitation des époux après la célébration du mariage. Ce droit est acquis par la mort du mari; cela est si vrai que pendant 40 ans il peut être réclamé, non-seulement par la veuve, mais par ses héritiers, et cette réclamation peut s'étendre contre les tiers-possesseurs; ce qui prouve d'une manière incontestable que le droit de la veuve lui est acquis dès le jour de la mort du mari.

L'article 368 ne change rien au droit accordé par l'article précédent: il détermine seulement que pour jouir du douaire il faut l'avoir demandé. D'où il résulte que tant que cette demande n'est point formée, la veuve perd les fruits; mais le fond du domaine lui reste, et peut être réclamé pendant 40 ans, comme nous venons de le dire.

C'est d'après ces motifs, qu'après avoir consulté le ministre de la justice, celui des finances a décidé, le 18 ventôse an 8, qu'il y avait dans l'espèce ouverture au droit d'enregistrement, à cause de l'événement du douaire.

Comme toutes les lois ont consacré le principe que le délai pour les mutations par décès court du jour du décès et non de celui où l'on exerce des droits acquis, les veuves (dans les pays coutumiers) s nt tenues de déclarer le douaire coutumier, quoiqu'elles diffèrent d'en réclamer la jouissance.

Nul doute. au surplus, que le droit ne soit exigible pour les douaires *coutumiers*, même pour ceux ouverts avant la loi du 22 frimaire an 7, l'article 2 de celle du 19 décembre 1790 portant à cet égard une disposition précise.

Nota. Cet article fait suite à celui inséré au n°. 72 de nos Instructions.

ART. 631.

DONATION ENTRE-VIFS.

Le droit d'enregistrement d'une donation d'immeubles évaluée 3000 francs, et de meubles évalués 1000 francs, est-il dû sur 4000 francs, au taux réglé pour les immeubles, à défaut d'estimation, article par article, desdits meubles ?

Ces mots de l'article 9 de la loi du 22 frimaire an 7 : « *Lorsqu'un acte translatif de propriété ou d'usufruit comprend des meubles et immeubles* », semblent embrasser toute espèce de transmission, mais ceux-ci : « *Le droit d'enregistrement est perçu sur la totalité DU PRIX*, etc. » font suffisamment connaître que cet article, dans la totalité de ses dispositions, n'est relatif qu'aux transmissions à titre onéreux, parce que ce sont les seuls qui soient susceptibles de stipulation *d'un prix*. Inutilement voudrait-on soutenir que *prix* signifie aussi valeur, estimation ou évaluation, puisqu'il suffit de lire attentivement la loi pour se convaincre que le législateur a partout différencié ces dénominations.

D'ailleurs l'on trouve dans la loi même la preuve que l'article 9 n'a nullement rapport aux transmissions à titre gratuit.

En effet, le titre 2 *des valeurs sur lesquelles le droit proportionnel est assis*, porte, art. 14 : » La valeur de la propriété, de l'usufruit et » de la jouissance *des biens meubles*, est déter- » minée pour la liquidation et le paiement du » droit proportionnel ainsi qu'il suit, n° 8, » pour les transmissions entrevifs, à titre gra- » tuit, et celles qui s'opèrent par décès par » *la declaration estimative des parties*, sans dis- » traction des charges. »

. Et l'article 15 qui règle le mode de déter- miner la valeur *des biens immeubles*, porte, n°. 7 : « Pour les transmissions de propriété entre- » vifs à titre gratuit, et celles qui s'effectuent » par décès, *par l'évaluation qui sera faite et* » *portée à vingt fois le produit des biens, ou le* » *prix des baux courans*, sans distraction des » charges.

Il résulte de cette dernière disposition que l'évaluation des immeubles étant ainsi réglée *d'après leur revenu*, ne peut avoir rien de com- mun avec la déclaration estimative à faire des objets mobiliers. Ainsi il n'existe aucune connexité entre ces deux natures de biens et entre leur mode d'évaluation : quoiqu'elles se trouvent comprises dans le même acte , il n'en peut résulter la moindre suspicion de fraude.

Dans la vente , ou toute autre transmission à titre onéreux , au contraire , le prix est *un* , et pour les meubles et pour les immeubles. La ventilation à faire de ce prix est susceptible de fraude , et c'est pour la prévenir que l'article 9 a ordonné une estimation article par article du mobilier.

Là , ce sont deux évaluations séparées , faites d'après des règles différentes et d'après un mode déterminé par les articles 14 et 15 ; ici c'est un prix à diviser ainsi qu'il est prescrit par l'article 9 : il n'y a donc aucune analogie entre les deux espèces.

On ne peut se dissimuler d'ailleurs qu'une telle disposition est rigoureuse , puisqu'elle ajoute au prix particulier et à la description détaillée qu'exigeait le réglement du 18 juillet 1713 , relatif au centième denier , leur estimation , article par article. Or , il est de principe , que lorsqu'une disposition de rigueur laisse du doute dans son application et son usage , il faut s'abstenir de l'appliquer.

Ainsi , l'on doit , pour les transmissions à titre gratuit , de biens meubles et immeubles , quoique ne contenant pas une estimation , article par article , du mobilier , percevoir deux droits distincts , l'un pour les meubles et l'autre pour les immeubles , au taux réglé par la loi et sur les évaluations faites pour chacune de ces deux natures de biens.

ART. 632.

VENTES D'IMMEUBLES AVEC FACULTÉ DE RÉMÉRÉ.

L'expertise peut-elle être requise pour une vente à faculté de réméré, à l'effet de régler sur la valeur vénale de l'immeuble le droit d'enregistrement de l'acte qui contient cette clause ?

L'article 17 de la loi du 22 frimaire est ainsi conçu :

« Si le prix énoncé dans un acte translatif
» de propriété ou d'usufruit de biens im-
» meubles *à titre onéreux*, paraît inférieur à
» leur valeur venale, à l'époque de l'aliéna-
» tion, par comparaison avec les fonds voi-
» sins de même nature, la régie pourra re-
» quérir l'expertise, pourvu qu'elle en fasse
» la demande dans l'année, à compter du
» jour de l'enregistrement du contrat. »

En s'en tenant à la lettre de cette disposition de la loi, les receveurs paraîtraient avoir le droit de requérir l'expertise pour les ventes à réméré, puisque la loi a accordé indistinctement cette faculté pour les actes translatifs de propriété ou d'usufruit d'immeubles à titre onéreux, et que la réserve faite par le vendeur de rentrer dans sa propriété sous un terme fixé, n'empêche pas que cette propriété ne soit actuellement transmise.

Mais, en consultant l'esprit de la loi et ses

motifs , nous reconnaîtrons que la faculté de l'expertise est sans application dans le cas d'une vente à réméré , comme dans celui d'un engagement ou antichrese.

Quel est le vœu de la loi ? c'est que le droit soit acquitté sur le prix entier que paie l'acquéreur , et à cet effet de prévenir le cas où une partie de ce prix ne serait pas énoncée au contrat soumis à la formalité. Ce vœu se remplit de lui-même dans le cas présent. L'acquéreur a le plus grand intérêt à faire énoncer dans l'acte la somme entière qu'il débourse, puisque c'est celle qui lui sera rendue , si le retrait est exercé. On ne peut supposer une contre-lettre qui ait ajouté au prix , puisque cette contre-lettre serait nulle , aux termes de l'article 40 de la loi du 22 frimaire an 7. Il ne peut donc y avoir de fraude dans l'énonciation du prix , et dès-lors la disposition de la loi , qui a pour objet d'arrêter ou punir la fraude , ne peut être appliquée.

Ajoutons qu'il serait , en quelque sorte , injuste de régler le droit d'après une expertise, sur le pied *de la valeur vénale* , puisqu'il peut se faire que la rentrée du vendeur ait lieu; et alors l'acquéreur se trouverait avoir payé l'enregistrement sur un pied plus fort que le prix réellement déboursé , et pour un bien qu'il n'aurait pas conservé.

D'un autre côté il ne peut être favorable à l'acquéreur de stipuler dans la vente à réméré une somme moindre que celle qu'il a réellement délivrée , puisqu'il s'exposerait à perdre , dans le cas où le réméré serait exercé , l'excédent qu'il n'aurait pas exprimé dans le contrat. Il n'est donc pas plus dans l'intention que dans l'intérêt des parties qui passent ces actes, d'éluder les droits.

Enfin, dans des circonstances où la rareté du numéraire et le défaut de crédit obligent les propriétaires à passer des ventes de l'espèce pour se procurer des fonds et donner plus de valeur aux autres immeubles qu'ils exploitent, il serait contraire à l'intérêt de l'agriculture, et ce serait anéantir ce contrat que d'user du droit rigoureux de l'expertise, que l'intention du législateur ne paraît pas avoir été d'étendre aux ventes avec faculté de réméré.

Cependant si, à l'expiration du tems qu'a duré la faculté de réméré, l'acquéreur n'est point *dépossédé;* comme il pourrait arriver que celui-ci eût, par une convention sous seing-privé, fait renoncer le vendeur au réméré, il est juste qu'à cette époque l'expertise puisse être requise envers l'acquéreur qui conserve la possession de l'immeuble ; parce qu'alors la vente pouvant être ou devenir irrévocable, par un acte consenti secrètement entre les parties, le trésor public doit s'assurer si la perception a été faite d'après la valeur vénale de l'immeuble, et s'il y a lieu à répéter un supplément de droit. (Solution de la régie du 23 vendémiaire an 9.)

A R T. 633.

A M E N D E S.

FÉRIE DES JOURS DE DÉCADI.

Sur les observations de l'administration des domaines, le ministre des finances a décidé, le 18 frimaire an 8, que les amendes encourues à défaut d'avoir férié les décadis, doivent être abandonnées.

A R T. 634.

D O M A I N E S N A T I O N A U X

ET EN REGISTREMENT.

SUCCESSIONS ÉCHUES A LA RÉPUBLIQUE, COMME REPRÉSENTANT DES ÉMIGRÉS.

Les créanciers des émigrés peuvent - ils demander qu'on leur délivre des biens de la succession, à concurrence de leurs créances, lorsque les héritiers républicoles ne veulent pas jouir du bénéfice que leur accorde la loi du 16 thermidor an 7, ou que la république est seule héritière ?

L'acte de délivrance donne-t-il ouverture au droit proportionnel de 4 pour 100 ?

Pour éclaircir ces deux questions nous allons rappeler les dispositions de la loi du 16 thermidor an 7 et préciser l'espèce.

Suivant cette loi, le remboursement des créanciers

des successions échues à la république depuis le 9 floréal an 3 est spécialement affecté sur les biens dépendans de ces successions.

L'article 12 autorise les créanciers à vendre conjointement avec les héritiers républicoles une partie des biens de la succession jusqu'à concurrence des créances, si mieux n'aiment les copartageans retenir une partie des biens de ladite succession, équivalente au montant des créances.

Cette loi ne s'explique pas sur la question de savoir si lorsque les cohéritiers ne veulent pas se charger d'acquitter les créances, ou lorsque la république est seule héritière, les créanciers peuvent, sans attendre la vente des biens de la succession, demander qu'on leur délivre de ces biens à concurrence du montant de leurs créances.

Une question de cette nature s'est présentée dans le département de l'Orne; des créanciers ont demandé qu'on leur abandonnât des fonds en paiement de ce qui leur était dû, à raison d'un capital de vingt fois le revenu.

Le préfet de ce département a considéré que puisque la loi autorisait l'abandon de biens en faveur des cohéritiers républicoles pour être vendus conjointement avec les créanciers, cet abandon pouvait être consenti directement en faveur des créanciers, avec d'autant plus de raison que la nation y trouve un avantage réel, en ce que les biens nationaux ne se vendent pas toujours au denier vingt de leur revenu. En conséquence, par arrêté du 13 messidor an 8, le préfet a consenti l'abandon proposé.

Cet arrêté a été soumis à l'approbation du conseiller d'état ayant le département des domaines nationaux, qui l'a confirmé le 15 fructidor suivant.

A l'égard du droit d'enregistrement auquel peut donner lieu cet arrêté, on a prétendu qu'il y avait lieu d'appliquer l'exception prononcée par l'article 70, n°. 1, § 2 de la loi du 22 frimaire an 7, et par conséquent lieu à l'enregistrement *gratis*. Si les créanciers étaient passibles du droit, il en résulterait qu'ils ne recevraient pas la totalité de leur

créance , et qu'ils auraient été fondés à se faire ex‑
pédier des biens d'une valeur représentative du
droit d'enregistrement ; qu'au surplus, en supposant
le droit exigible, ce ne pourrait être que celui de 2
pour 100 réglé pour les ventes d'immeubles nationaux.

Il n'y a dans la loi du 22 frimaire an 7, ni dans
celle du 15 thermidor de la même année, aucune
disposition d'exception qui soit applicable à cette es‑
pèce. L'article 70 de la loi du 22 frimaire, n°. 1er.
n'excepte de l'enregistrement que les acquisitions et
les échanges faits par la république, les partages de
biens entre elle et des particuliers et tous actes faits
à ce sujet ; on voit que l'acte dont il s'agit n'est
point compris dans ces exceptions. La considération
que les créanciers ne reçoivent pas la totalité de leur
créance n'est d'aucun mérite, puisqu'il arrive jour‑
nellement qu'un débiteur céde à ses créanciers des
biens en paiement de ce qu'il leur doit, et que ceux‑
ci, comme les acquéreurs ordinaires, restent chargés
des frais de l'acte.

La fixation particulière à 2 pour 100, établie par
la loi du 26 vendémiaire an 7 et confirmée par celle
du 22 frimaire suivant, n'est pas non plus appli‑
cable à l'espèce. puisqu'elle est restreinte aux *adju‑
dications* des domaines nationaux. L'arrêté qui con‑
tient l'abandon en faveur de créanciers d'une portion
de biens de successions échues à la république, rentre
dans les dispositions générales qui concernent les ventes
d'immeubles, et donne par conséquent ouverture au
droit de 4 pour 100, tel qu'il serait dû si la dation
en paiement était faite directement par les héritiers.

Quant au cas où les cohéritiers retireraient avec leur
portion une partie des biens de la succession équiva‑
lente aux créances, il y aurait lieu d'appliquer l'ex‑
ception établie pour les partages entre la république
et les particuliers, par l'article 70 de la loi du 22 fri‑
maire ; sauf à percevoir les droits exigibles pour les
actes de libération qui seraient passés ensuite avec
les créanciers.

A R T. 636.

E N R E G I S T R E M E N T.

T E S T A M E N S.

Les testamens olographes non déposés chez un officier public , sont - ils passibles du double droit , lorsqu'ils ne sont pas présentés à la formalité dans les trois mois du décès des testateurs, ?

Voici l'espéce qui a donné lieu à cette question.

Dominique décède à Barcelone le 5 floréal an 8 ; sa veuve et ses héritiers font apposer les scellés à son domicile à Paris ; la reconnaissance et levée de scellés a lieu le 15 fructidor et jours suivans. Parmi les papiers , le juge-de-paix trouve un testament olographe dans sa séance du 26 du même mois ; il le dépose chez un notaire le 12 vendémiaire an 9. On demande de quel jour le délai pour l'enregistrement doit commencer à courir.

Opinion des Rédacteurs.

Les testamens déposés chez les notaires, ou par eux reçus , doivent être enregistrés dans les trois mois du décès des testateurs, à la di-

ligence des héritiers , donataires , légataires ou
exécuteurs testamentaires. (Art. 21 de la loi
du 22 frimaire an 7.) A peine du double
droit. (Art. 38.)

Ces dispositions sont-elles applicables à l'espèce ? Nous ne le pensons pas , parce qu'en
effet le testament en question n'était *ni déposé chez les notaires , ni par eux reçu*. Il faut ,
d'après ces expressions de la loi , que les parties aient été dans le cas de connaître l'existence du testament , sinon le délai de rigueur
ne doit pas être observé et ne pourrait même ,
sans injustice exister. Or, dans l'espèce, la condition réquise ne se rencontre pas , il s'agit d'un
testament de l'existence duquel les légataires ,
héritiers, etc. ne pouvoient avoir une connaissance légale , quand même le testateur la leur
eût donnée de son vivant , il n'y avait aucune certitude qu'il existât encore à son décès ,
puisqu'il aurait pu le supprimer ; d'ailleurs ,
quoique certains de son existence , les héritiers
eussent été dans l'impossibilité de pouvoir le
soumettre à la formalité , puisqu'il se trouvait
sous les scellés. Au fond, aucun fait déterminant
n'étant dans le cas de justifier que les héritiers
fussent instruits qu'il existât un testament , et
n'en ayant eu une connaissance légale que

par le procès-verbal de la séance dans laquelle
il a été trouvé, le délai de trois mois accordé
aux héritiers pour faire enregistrer les testamens, ne doit commencer à courir qu'à compter de la date de cette séance.

A R T. 637.

L E T T R E S D E C H A N G E.

Une lettre-de-change tirée par un individu
de Lyon à son ordre, sur un individu de
Paris, est-elle une véritable lettre-de-
change, et comme telle exempte du droit
d'enregistrement ?

Les lettres-de-change sont-elles les seuls
effets de commerce qui donnent lieu à
la contrainte par corps ?

On est tenté de croire que l'effet de commerce dont est question n'est pas une lettre-
de-change proprement dite, parce qu'on n'y
voit pas trois personnes dénommées dans son
contexte, et qu'il semble que pour former une
lettre de change il faut le concours de celui
qui la tire, de celui sur qui on la tire, et
enfin de celui qui l'accepte ; mais cette opinion
n'est point fondée.

Les articles 18 et 19 du titre 5 de l'ordonnance de commerce du mois de mars 1673,

reconnaissent

reconnaissent que les lettres-de-change à ordre ou au porteur sont valides. D'ailleurs, le concours des trois personnes se trouve dans les lettres dont il s'agit, car le porteur de la lettre est de fait le tiers dont le concours est exigé par l'ordonnance de 1673 pour l'essence des lettres-de-change.

Consulté sur cette double question par le ministre des finances, le tribunal de commerce de Paris a répondu, le 25 vendémiaire an 9 : « Pour qu'un billet soit lettre-de-change, il n'est » pas nécessaire qu'il y ait trois personnes dé-» nommées dans son contexte, il suffit qu'il » soit tiré par un individu, soit en son ordre, » soit à celui d'un tiers sur un individu d'une » autre place.

» Les négocians, tant français qu'étrangers, » sont dans l'usage constant de tirer ainsi la » plupart de leurs traites pour pouvoir ensuite » les négocier à qui bon leur semble. La ju-» risprudence de tous les tribunaux de com-» merce n'a jamais varié là-dessus, et leurs » jugemens sur de pareils effets, comme lettres-» de-change, ont toujours été confirmés par » les cours supérieures. »

A l'égard de la seconde question,

« Il n'est point exact de dire que les seules » lettres-de-change donnent lieu à la contrainte

Troisième année. 2

,, par-corps , cela n'est vrai que pour les in-
,, dividus non-commerçans à l'égard des com-
,, merçans : ils sont tous condamnés par corps
,, au paiement, non-seulement des lettres-de-
,, change, mais même de toutes sortes de bil-
,, lets relatifs au commerce. ,,

ART. 638.

VENTE DE MARCHANDISES.

*Procès-verbaux de ventes de marchandises
provenant de prises maritimes. Doit-on ,
pour la liquidation de l'enregistrement ,
ajouter les droits de douane qui sont à
payer par les acquéreurs ?*

Quelques receveurs avaient élevé cette prétention , se fondant sur la disposition du n°. 6
de l'article 15 de la loi du 22 frimaire an 7 ,
qui veut *que le droit d'enregistrement des ventes
soit liquidé sur le prix exprimé , en y ajoutant toutes
les charges en capital.* Suivant eux , l'obligation
de la part des acquéreurs de payer les droits
de douane est une charge de la vente , puisqu'ils ne peuvent importer les marchandises
sans l'acquit préalable de ces droits.

Les négocians se sont élevés contre cette
prétention , et ont dit : ,, Les marchandises
,, provenant de prises maritimes jouissent

» d'un entrepôt de trois mois, pendant lequel
» elles peuvent être expédiées à l'étranger, et
» dans ce cas il n'est dû aucun droit de douanes.
» L'obligation de les acquitter est donc éven-
» tuelle dans son effet, elle n'offre rien de
» certain, et dès-lors ne peut être regardée
» comme une addition au prix stipulé. »

Cette objection est fondée. D'ailleurs, les droits de douane sont un impôt au profit de la république, et il est de principe qu'un droit ne peut en engendrer un autre ; l'obligation de les acquitter n'ajoute pas plus au prix de la vente, que celle d'acquitter les droits d'en-registrement et d'hypothèque qui seraient in-sérés dans un contrat de vente.

Ainsi, à tous égards, la perception ne doit être établie sur les ventes de marchandises dont il s'agit, qu'à raison du montant du prix.

A R T. 639.

DÉLAI. ACTE SOUS SEING-PRIVÉ.

La remise d'un acte sous seing-privé entre les mains du receveur de l'enregistrement dans le délai de trois mois , n'est pas suffisante pour exempter de la peine du double droit, il faut indispensablement réaliser le paiement des droits dans le même délai.

Jugement de cassation rendu le 21 floréal an 8 , au rapport du cit. Molleville ;

Contre le cit. Seguy.

Par acte sous seing-privé du 16 pluviôse an 7 , le cit. Adrienne a vendu au cit. Seguy une maison située à Paris , rue de Lille , moyennant 170,000 fr.

72,000 fr. ont été stipulés payables dans quinzaine , le surplus à différentes époques , avec condition, que dans le cas où le cit. Seguy n'effectuerait pas ces paiemens , le cit. Adrienne rentrerait à sa volonté dans sa propriété , après un simple commandement, et qu'alors le cit. Seguy paierait un loyer sur le pied de 15,000 fr. par an.

Le cit. Hennequin, receveur de l'enregistrement , eut connaissance de cet acte, par la remise qui lui fut faite d'un double ; mais *les trois mois* accordés par la loi pour le faire enregistrer s'étant écoulés, sans que personne se fut présenté à son bureau pour payer le droit, il se vit forcé de faire signifier, le premier prairial an 7 , une contrainte , par laquelle il demanda au cit. Seguy le paiement du droit de vente, et en outre *le double droit*, faute d'enregistrement dans les trois mois.

Dans une instance engagée à ce sujet au tribunal civil de la Seine, le citoyen Seguy prétendit d'abord écarter le paiement du droit de vente, en observant qu'il n'était jamais entré en propriété de la maison dont il s'agit, *parce qu'il n'avait payé aucune partie du prix*, qu'ainsi il devait être considéré simplement *comme locataire*, et débiteur des droits d'enregistrement dus à raison d'un bail qu'il offrait de payer.

Il soutint en second lieu, qu'ayant remis dans les trois mois au receveur *un double de l'acte*, cela devait suffire pour remplir le vœu de la loi, et empêcher qu'il ne fut dû un double droit.

Par son jugement du 14 fructidor an 7, le tribunal civil de la Seine fit justice de la première prétention de l'adversaire. Il reconnut bien qu'il existait un acte de vente, puisque l'on rencontrait toutes les conditions nécessaires pour former un engagement de cette nature, et que le défaut de paiement de prix de la part de l'acquéreur ne change pas la qualité de l'acte primitif, il condamna donc le cit. Seguy à payer le droit *à raison de la vente*.

Mais, s'expliquant ensuite *sur la demande du double droit*, il refusa de l'adjuger, sous prétexte que la remise de l'acte dans les trois mois au bureau du receveur, avait été suffisante.

Les régisseurs de l'enregistrement, obligés de se pourvoir en cassation à raison de ce dernier chef, ont fait voir qu'il était en opposition avec les articles 22, 28 et 38 de la loi du 22 frimaire an 7.

L'article 22 établit que les actes sous seing-privé contenant *transmission de propriété ou d'usufruit de biens immeubles* seront enregistrés *dans les trois mois* de leur date.

L'article 28 veut que les droits des actes et ceux des mutations par décès, *soient payés avant l'enregistrement*, aux taux et quotités réglés par la loi.

L'article 38 est ainsi conçu : « Les actes sous seing-privé , et ceux passés en pays étranger, dénommés en l'article 22, qui n'auront pas été enregistrés dans les délais déterminés, *seront soumis au double droit d'enregistrement.* »

D'après cet article, il était évident que le cit. Seguy devait payer *le double droit* qui lui était demandé, puisqu'il était constant que trois mois s'étaient écoulés depuis la date de l'acte sans aucun paiement.

A ces dispositions claires on avait opposé *la remise* qui avait été faite d'un double de l'acte *dans les trois mois.*

Mais *cette remise* ne pouvait *équivaloir à un paiement*, on ne trouvait dans la loi aucune disposition, qui, au moyen de cette formalité, exemptât les parties de la peine du double droit.

Au contraire, on y lisait formellement dans l'article 28 , que les droits devaient être *payés avant l'enregistrement ;* de manière qu'un receveur deviendrait répréhensible en enregistrant sans recevoir les droits.

Le jugement du tribunal de la Seine contrariait la loi de l'enregistrement dans une de ses bases principales , puisqu'en admettant *la simple remise d'un acte au bureau*, comme suffisante *pour éviter le double droit* , on prolongeait nécessairement d'une manière indéfinie *le paiement du droit simple*, et l'on apportait des entraves et des lenteurs préjudiciables au recouvrement d'une partie importante des revenus de l'état.

Le tribunal de cassation a remédié au danger d'une pareille jurisprudence, en annullant le jugement qui lui était dénoncé.

A R T.   640.

P A T E N T E S.

Il s'est élevé les questions suivantes :

1°. Les fermiers des halles doivent-ils être assujettis à la patente? et dans ce cas à quelle classe faut-il les porter pour leur profession, qui consiste à recevoir, entreposer et expédier différentes marchandises ?

2°. Le droit proportionnel de cette profession doit-il être comme pour les forges et usines, le 10me. du prix du bail ?

3°. A quelle classe faut-il placer un entrepreneur de l'illumination d'une ville pour la fourniture et l'entretien des lanternes et réverbères ?

4°. Les maîtres de pressoir qui font des vins autres que ceux de leur récolte, doivent-ils prendre patente et à quelle classe faut-il les placer ?

5°. Les descentes de classe prononcées en l'an 8, doivent-elles être continuées en l'an 9 et successivement pour les autres années ?

6°. Les marchands en ambulance, qui, d'après la loi, ne sont assujettis qu'à la moitié des droits fixes et proportionnels de leurs professions respectives, peuvent-ils être descendus d'une ou deux classes ?

7°. Dans le cas où ils pourraient être descendus de classe, ne devraient-ils toujours que la moitié des droits de la classe à laquelle ils auraient été réduits ?

8°. Ne devraient-ils que la moitié des droits proportionnels ?

9°. Lorsqu'il n'y a point de bail authentique, ou que le patentable est propriétaire de la maison qu'il occupe, faut-il prendre dans la matrice du rôle le revenu *net* seulement ? ou, comme pour les forges et autres usines, faut-il prendre le revenu *brut ?*

Le ministre des finances les a ainsi résolues par ses décisions des 28 vendémiaire et 3 brumaire derniers.

PREMIÈRE ET DEUXIÈME QUESTIONS.

Les fermiers des halles qui reçoivent et ont la garde des marchandises qui y sont apportées, doivent être assimilés aux commissionnaires de marchandises et placés à la première classe. Le droit proportionnel est du dixième du prix du bail.

TROISIÈME QUESTION.

Les entrepreneurs de l'illumination à lanterne ou reverbères pour le compte de la république doivent être placés à la première classe, et ceux pour le compte des villes à la cinquième, par assimilation aux entrepreneurs de pavés, routes et chaussées, pourvu toutefois qu'ils n'exercent pas un autre état qui les place dans une classe supérieure.

QUATRIÈME QUESTION.

Ceux qui emploient habituellement leurs pressoirs à faire du vin pour les particuliers qui y portent leurs raisins, doivent être placés à la cinquième classe, de même que ceux qui cuisent le pain préparé par d'autres ; les premiers par assimilation aux meûniers, et les seconds aux boulangers. Cependant si les pressureurs font commerce du vin qu'ils peuvent recevoir de ceux qui apportent leurs vendanges au pressoir, ils doivent être taxés comme marchands de vin , soit en gros , soit en détail , à la première ou à la troisième classe.

CINQUIÈME QUESTION.

Les descentes de classe ne sont valables que pour l'année , à raison de laquelle elles ont été accordées. Elles ne peuvent avoir lieu pour les subséquentes qu'autant qu'il est justifié que l'impossibilité de payer subsiste toujours.

SIXIÈME ET SEPTIÈME QUESTIONS.

Les marchands en ambulance , doivent profiter comme les marchands sédentaires de la descente de classe, lorsqu'ils sont dans le cas de la réclamer. Ainsi un mercier ambulant qui se trouve dans l'impossibilité de payer le droit de la troisième classe , peut être descendu à la quatrième ou à la cinquième , et alors il ne doit que la moitié du droit de la classe où le porte la descente.

HUITIÈME QUESTION.

Le droit proportionnel des marchands en ambulance doit toujours être du dixième de leur loyer , qui étant nécessairement moins considérable que celui des marchands en boutique , opère une perception moins forte, non susceptible d'être réduite à moitié.

NEUVIÈME QUESTION.

Lorsque le droit proportionnel est fixé d'après la contribution foncière , on doit toujours le liquider sur le revenu *brut*, comme lorsque la liquidation se fait sur un bail dont le prix n'est susceptible d'aucune réduction.

ART. 641.

POURSUITES ET INSTANCES.

Les tribunaux peuvent-ils annuller les contraintes décernées pour recouvrement des droits de patente ?

Les rôles des patentes devaient , aux termes de la loi du premier brumaire an 7 , être arrêtés par les administrations centrales , sur les tableaux fournis par les administrations municipales.

C'était également à ces administrations à prononcer sur les réclamations qui s'élèveraient sur la quotité des taxes.

La loi du 28 pluviôse an 8 a apporté quelques changemens dans la partie administrative , et un arrêté du gouvernement, du 15 fructidor an 8 , charge les contrôleurs des contributions directes de former les tableaux des citoyens assujettis à la patente ; ces tableaux , arrêtés ensuite par les maires, apostillés des observations des sous-préfets , sont remis au directeur des contributions directes, qui forme le rôle et le soumet au préfet, lequel , par son approbation le rend exécutoire.

S'il s'élève des réclamations contre les taxes , elles sont jugées administrativement de la manière prescrite par l'arrêté du 24 floréal an 8 , concernant les décharges et réductions en matière de contributions directes.

De ces différentes dispositions , il résulte que les tribunaux sont entièrement étrangers à l'exécution de la loi dans tout ce qui concerne la fixation des rôles de patentes. Il en est de même à l'égard des poursuites pour le recouvrement qui est exclusivement confié aux préposés de la régie. Dès-lors les tribunaux n'ont à examiner , dans le cas d'opposition à une contrainte, que la validité de cette contrainte : du moment qu'elle est revêtue des formalités prescrites, ils ne peuvent se dispenser de prononcer main-levée de l'opposition , sans examiner les moyens au fond, quoique tirés de la loi, qui pourraient justifier une surcharge dont la réduction appartient exclusivement aux conseils de préfecture.

Le même principe doit être suivi dans tous les cas où il y a un rôle exécutoire , arrêté par un corps administratif.

A R T. 642.

D O M A I N E S   N A T I O N A U X.

R E N T E S   D U E S   A   L A   R É P U B L I Q U E.

*La représentation des titres primitifs est-elle de ri-
gueur pour en exiger le paiement ?*

Divers tribunaux exigent la représentation du titre
primitif pour prononcer le paiement des rentes dues
à la république; ils regardent en outre comme an-
nullées toutes celles causées pour services ou legs
pieux.

Leur jurisprudence se fonde, en ce qui concerne
la première question, sur les dispositions des lois du
20 août 1792 et 17 juillet 1793 Suivant les détenteurs
de ces rentes, elles ont appartenu précédemment à des
corporations ou communautés ecclésiastiques supprimé-
més qui avaient principe de fiefs, elles peuvent avoir
été entachées de féodalité, et comme telles être abolies,
aux termes de l'article premier de la loi du 17 juillet 1793; accueillant ce moyen, les tribunaux exigent
qu'on fournisse la preuve que ces rentes font partie
de celles purement foncières, conservées par l'article
2 de cette dernière loi.

En vain les préposés de la régie représentent-ils,
dans l'instruction des instances, des extraits des registres publics portant enregistrement ou contrôle des
titres primordiaux, des expéditions de titres nouvels,
ou autres actes en forme portant reconnaissance, et
qui prouvent que les rentes dont on exige le paiement sont purement foncières, et qu'elles sont qua-
lifiées dans ces actes sous cette seule dénomination.

En vain ils observent que le législateur, lorsqu'il
a exigé, par la première des lois citées, des crean-
ciers des redevances ou rentes, la représentation des
titres primordiaux, a voulu seulement écarter et anéantir l'abus des interprétations que l'on aurait pu donner aux aveux et dénombremens, aux déclarations à

terrier et autres actes de cette nature, en s'appuyant
sur ces titres pour soutenir des intérêts opposés au
vœu de la loi , mais qu'il n'a jamais pu entendre
qu'à défaut de la représentation , devenue fortuite-
ment impossible, d'un titre primitif dont l'existence
serait d'ailleurs reconnue par son enregistrement sur
un registre public et faisant foi en justice , on ne
pourrait suppléer à l'absence de ce titre , d'abord
par la représentation de cet acte d'enregistrement ,
ainsi que par les expressions qu'il renferme , et en
second lieu par des actes notariés et en forme , portant titre nouvel , reconnaissance détaillée et rappel
en termes précis de la rente portée aux titres primitifs , de sa nature , de ses causes et de son principe , et qu'enfin on abandonnerait gratuitement des
fonds plus ou moins considérables à des particuliers
qui ne doivent en être considérés comme propriétaires
qu'en payant les rentes dont les capitaux représentent
le prix d'une concession ou aliénation dégagée de
toute idée de féodalité.

Quant aux rentes dues pour service de fondations
ou legs pieux , les motifs de la décharge accordée
aux redevables sont *que la cause cessant , l'effet doit
cesser ; qu'on a donné pour recevoir , qu'on a fait
pour qu'il soit fait* , et qu'enfin les fondations n'étant
plus servies , les rentes qui en sont l'objet ne doivent
plus être acquittées.

On a inutilement opposé à ce moyen que la loi
du 13 brumaire an 2 ayant déclaré propriété nationale tout l'actif des fabriques , à quelque titre que
ce fût , ces expressions de la loi suffiraient pour prouver qu'elle n'avait entendu faire aucune distinction
des rentes dont il s'agit , composant une partie de cet
actif prise dans toute son intégrité *sous la main de
la nation* , que d'ailleurs il ne devait nullement importer aux débiteurs desdites rentes , presque toutes
affectées sur des fonds qu'ils possèdent , que les fondations pieuses fussent ou ne fussent pas servies , puisqu'ils n'avaient ces fonds , soit par héritage ou par
acquisition , qu'à la charge de servir les rentes dont
ils étaient grévés , et qu'enfin la nation , en mettant
dans sa main les biens du clergé et ceux des fa-

briques, avait d'ailleur fait à tous les individus composant le clergé et attachés aux maisons religieuses des pensions, et s'était imposé des charges que les débiteurs des rentes n'étaient point tenus de remplir.

Il importait de prévenir l'effet d'une jurisprudence aussi contraire aux intérêts de la république, aussi la régie avait-elle cru devoir la déférer au ministre des finances, et l'inviter à provoquer un arrêté qui rappelât aux tribunaux la législation dont s'écartaient dans l'espèce leurs jugemens.

Le ministre des finances ayant accueilli les observations de l'administration de l'enregistrement, a proposé aux consuls un projet d'arrêté contenant des dispositions propres à assurer la perception desdites rentes ; mais le conseil d'état, à l'examen duquel le projet d'arrêté a été soumis par les consuls, a rendu le 25 vendémiaire an 9 l'avis suivant :

« La section des finances, sur le renvoi qui lui a
» été fait par le premier consul d'un rapport du mi-
» nistre des finances, avec un projet d'arrêté rela-
» tif aux lois contre la teneur de quelles les tribunaux,
» notamment ceux du département de la Mayenne,
» rejettent les demandes du paiement des rentes dues
» à la république, faute de représentation des titres
» primordiaux, sous le prétexte que les rentes qui
» ont appartenu à des corporations et communautés
» ecclésiastiques ayant possédé des fiefs, peuvent avoir
» été entachées de féodalité, et prononcent même
» que celles qui ont été créées pour fondations pieuses
» sont éteintes, lesdites fondations n'étant plus enregis-
» trées ;

» Estime que si quelques tribunaux déchargent de
» toutes demandes les redevables à qui il en est
» fait au nom de la nation dans les cas exposés
» par le ministre, il ne s'ensuit pas qu'il faille re-
» garder comme insuffisantes les dispositions des lois
» existantes à cet égard, celles relatives aux rentes
» et redevances féodales éteintes sans indemnité ne
» s'étendant point aux rentes purement foncières, non
» plus qu'aux rentes constituées, dont l'existence
» peut se prouver, faute de titres originaires, par
» des reconnaissances, extraits des registres et même
» par témoins, dans les cas prévus par les lois. Tout

» jugement qui en décide autrement est donc atta-
» quable par la voie de l'appel.

» Il en est de même des jugemens qui rejettent
» les demandes des rentes créées pour fondations
» pieuses, sous le prétexte que ces fondations ne
» sont plus acquittées, ils contreviennent évidemment
» à l'article premier de la loi du 13 brumaire an 2,
» lequel porte que tout l'actif affecté, à quelque titre
» que ce soit, aux fabriques des églises cathédrales,
» paroissiales et succursales, ainsi qu'à l'acquit des
» fondations, fait partie des propriétés nationales.

» Les lois actuelles devant suffire pour faire ob-
» tenir, dans ces divers cas, condamnation contre les
» redevables ou pour faire réformer les jugemens
» contraires à ces lois.

» La section est d'avis qu'il n'est pas nécessaire
» de provoquer de nouvelles dispositions ; elle observe
» d'ailleurs que celles proposées par le ministre sont
» législatives et ne pourraient conséquemment pas être
» prises par un arrêté du gouvernement. »

Observation des Rédacteurs.

Il résulte de cet avis que l'on doit se pourvoir par
la voie de l'appel contre tous les jugemens qui seraient contraires aux principes qui y sont établis, en
observant néanmoins qu'à l'égard de ceux relatifs à
des demandes dont l'objet est au-dessous d'un capital
de 1000 fr. ou d'une rente de 5o fr., l'on doit se pourvoir par la voie de cassation, l'avis dont il s'agit ne
dérogeant en rien à la jurisprudence consacrée par les
lois, notamment celle du 7 septembre 1790.

A R T.   643.
E N R E G I S T R E M E N T.

DÉCLARATION POUR SUCCESSION.

*Peut-on attaquer pour fausse évaluation
une déclaration faite postérieurement à
la loi du 14 thermidor an 4, et dans laquelle on a pris pour base la contribution
foncière ?*

Oui, la loi du 14 thermidor an 4 exige la

représentaion du rôle de la contribution foncière à titre de renseignement ; mais elle n'exige
pas comme l'article 5 de celle du 19 décembre
1790 , qu'on prenne pour base d'évaluation le
montant de la contribution : on ne peut donc
invoquer avec fondement la loi du 19 décembre
1790 pour les déclarations postérieures à la publication de la loi du 14 thermidor an 4 , puisque cette loi a changé les principes de la perception relative aux déclarations , et il y a lieu
de relever les fausses évaluations justifiées par
des baux à ferme ou autres actes qui font connaître la valeur des biens déclarés , si la prescription n'est point acquise. (*Voir* à cet égard
la circulaire du 16 thermidor an 4 , n°. 926 ,
page 8)

A R T. 644.

DÉCLARATION DE SUCCESSION.

Lorsqu'une succession est répudiée par les
héritiers et les légataires , peut-on con-
traindre les détenteurs à titre onéreux
des biens de cette succession , à en faire
la déclaration , et à payer les droits de
mutation par décès dus à raison des biens
dont ils sont ténanciers ?

Quelques receveurs , par une fausse application de l'article 32 de la loi du 22 frimaire , ont

cru pouvoir, dans cette espèce, diriger des
poursuites contre les détenteurs, pour les forcer
d'acquitter les droits de la succession répudiée ;
mais cette prétention a été avec raison rejettée
par les tribunaux. En effet, l'article 32 porte :
„ La nation aura action sur les revenus des biens
„ à déclarer, en quelques mains qu'ils se trou-
„ vent, pour le paiement des droits dont il fau-
„ drait poursuivre le recouvrement. „

Il résulte de cet article que la nation a une
action réelle sur les fruits des biens de la succession répudiée ; mais il ne s'ensuit pas qu'elle ait
une action personnelle et directe contre les détenteurs, et qu'elle pût se faire payer sur leurs
biens autres que ceux provenant de la succession.

Ainsi, le droit d'enregistrement n'ayant pas
été acquitté par le curateur nommé à la succession, soit à défaut d'avoir touché des revenus
ou par d'autres motifs, et les biens ayant été
vendus ou adjugés à la requête des créanciers,
l'action du préposé de la régie subsiste sur les
fruits des biens, et il est autorisé à les faire saisir,
en quelques mains qu'ils se trouvent, pour obtenir
le paiement du droit. La formalité de la transcription du contrat aux hypothèques n'empêche
point l'exercice de cette faculté, vu que c'est la
loi même qui l'attribue. Le préposé doit, en

pareil

pareil cas, diriger ses poursuites contre le curateur à la succession, qui a seul qualité pour
faire la déclaration, mais avoir soin d'énoncer
dans sa contrainte qu'elle sera mise à exécution
sur les fruits des biens de la succession passés
en telles mains. Cette contrainte sera visée et déclarée exécutoire par le juge-de-paix, conformément à l'article 64 de la loi du 22 frimaire
an 7.

ART. 645.

TITRES NOUVELS.

Quel droit doit-on percevoir dans les dé-
partemens de l'Ouest, sur les titres nou-
vels des rentes remplaçant les anciens
titres qui ont été brûlés ?

Pendant la guerre de la Vendée, plusieurs dépôts publics ont été incendiés ; les titres des particuliers ont eu le même sort ; les débiteurs de mauvaise foi ont profité de cette circonstance pour
refuser le paiement des rentes qu'ils devaient.
Ceux dont la probité ne s'est jamais démentie
ont consenti des titres nouvels à leurs créanciers,
sans pouvoir y rappeller la date des anciens
titres, ils ont seulement déclaré qu'ils avaient
été brûlés

Les titres nouvels n'étant assujettis par la loi

du 22 frimaire an 7 qu'au droit fixe d'un franc, lorsqu'il est prouvé que les contrats primitifs étaient en forme, les receveurs des droits d'enregistrement ne pouvaient se-dispenser de percevoir le droit proportionnel de 2 pour 100, comme pour contrats de constitution, sur tous les titres nouvels qui leur ont été présentés sans énonciation du titre primordial.

Les administrateurs de l'enregistrement, trouvant cette perception trop rigoureuse, quoique fondée en principes ont soumis cette question au ministre des finances. Leurs observations ont déterminé une décision du 18 brumaire an 9, portant qu'attendu les circonstances, il y avait lieu de ne percevoir que le droit fixe d'un franc sur tout titre nouvel de rente qui, pendant l'espace de trois mois, sera passé par des habitans des départemens de la Vendée, s'il contient la déclaration que les titres précédens ont été incendiés et qu'ils étaient authentiques, et s'il est rapporté au soutien de cette déclaration un certificat du maire du lieu de l'incendie; mais à défaut de cette déclaration et de ce certificat, et dans le cas où elle porterait que les anciens titres étaient sous seing-privé; le droit proportionnel de 2 pour 100 devra être perçu comme pour un contrat de constitution.

A R T. 646.

ENVOI EN POSSESSION DE BIENS IMMEUBLES.

Une femme est envoyée par jugement en possession des biens de son mari jusqu'à concurrence de ses reprises et après estimation préalable, avec faculté au mari ou à ses créanciers de payer en deniers le montant des reprises pour éviter l'envoi en possession. Ce jugement donne-t-il ouverture au droit proportionnel de 4 pour 100.

Cet acte, dit-on, est translatif de propriété, soit en faveur de la femme, soit en faveur des créanciers du mari, autorisés à payer la créance due à la femme.

Quoique la transmission ne s'opère pas *in instanti*, à cause de la faculté que le débiteur a de conserver la propriété de ses biens, il n'est pas moins dans les principes de la loi du 22 frimaire an 7, de percevoir le droit de mutation sur ce jugement, car sur quel autre acte pourrait-il être exigé ; serait-ce sur le procès-verbal d'estimation ou sur la prise de possession ? non sans doute, puisque la loi a tarifé ces actes à des droits fixes.

Ce raisonnement ne nous paraît pas concluant. En effet, il faut le concours de trois choses pour caractériser une vente ou transmission, la chose, le prix et le consentement des parties volontaire ou forcé. Dans l'espèce, la première des conditions ne se rencontre pas, le mari n'est pas dépouillé. Les immeubles que sa femme peut se faire adjuger, ne sont ni désignés ni estimés, et le jugement n'est pas tellement absolu qu'elle puisse se faire mettre en possession des immeubles qu'il lui aura plû de faire estimer, non-seulement il peut intervenir une contestation sur le choix des biens, mais encore sur l'estimation qui en aura été faite. Il sera donc nécessaire d'obtenir un nouveau jugement, ou de passer un acte qui réglera définitivement les parties ; ce sera ce dernier acte seulement qui contiendra la véritable transmission.

Nous pensons donc que le jugement qui fait l'objet de cette question n'est passible que du droit proportionnel de 5o pour 1oo , comme condamnation.

Nous observons que s'il était prouvé que la femme se fût mise en possession sans autre formalité, cela supposerait un consentement écrit, et que dans ce cas il y aurait lieu de former la demande des droits de mutation d'après les dispositions de l'article 13 de la loi du 22 frimaire au 7.

A R T. 647.

Droits d'enregistrement des traités passés par les ministres avec des entrepreneurs, pour le service de leur département respectif.

Peut-on stipuler dans ces actes, que ces droits et ceux du cautionnement fourni en conséquence, demeureront à la charge de la république ?

Non. 1°. Cette clause est préjudiciable au trésor public, attendu qu'elle prive l'administration de l'enregistrement, d'un droit qu'elle aurait dû percevoir, et que d'ailleurs elle ne profite qu'aux entrepreneurs ; les droits n'étant pas assez importans pour influer sur le prix du traité.

2°. La clause est contraire à une délibération du conseil d'état, du 15 fructidor dernier, intervenue sur la demande du ministre de la marine, de n'assujettir qu'à un droit fixe d'enregistrement d'un franc au lieu de celui proportionnel établi par la loi, les actes de cautionnement en immeubles qui sont passés pour les marchés de son département. La délibération porte que cette demande *ne peut ni ne doit être adoptée.*

3°. Enfin , les consuls l'ont ainsi décidé sur un rapport du ministre des finances , en observant que le droit d'enregistrement devait être payé , et qu'il étáit préférable d'indemniser , pour le passé , l'entrepreneur au profit duquel la clause avait été consentie , plutôt que de faire une exception aux dispositions de la loi.

Ce ministre , en informant le ministre de la guerre de cette décision , par sa lettre du 28 vendémiaire dernier , l'invite à ne plus insérer à l'avenir , dans les marchés qu'il passera , la clause du paiement des droits à la charge de la république.

ART. 648.

TIMBRE.

Les registres de publications de mariage doivent-ils être tenus en papier timbré ?

La loi du 12 septembre 1792 , qui détermine le mode de constater l'état civil des citoyens , porte : « Le mariage sera précédé d'une publication (titre 4 , section 2 , article 3) » ; il sera dressé acte de cette publication sur un registre particulier. (Article 4 , mêmes titre et section.)

Le titre 2 , article 1 et 2 , prescrit de tenir en papier timbré les registres sur lesquels s'écrivent les actes de naissance , mariage et décès.

La loi du 13 brumaire an 7 assujettit aussi au timbre les registres de naissance , mariage et décès ; mais aucune de ces deux lois ne s'explique sur le registre des publications de mariage , d'où l'on peut conclure qu'ils sont dispensés du timbre.

Ce n'est pas notre opinion : la loi du 13 brumaire an 7 , qui sert seule de règle , assujettit au timbre tous les *registres qui sont de nature à être produits en justice, et dans le cas d'y faire foi , ainsi que les extraits, copies et expéditions qui sont délivrés desdits livres et registres.* Dans ce nombre sont évidemment compris les registres de publication de mariage , puisqu'ils peuvent être produits en justice et y faire foi. Si l'on objectait qu'ils ne sont pas textuellement dénommés dans cette loi , la réponse serait que les registres de naissance et mariage , sur l'assujettissement desquels il n'y a pas de doute, n'y sont pas dénommés non plus. Il ne reste donc qu'à voir si ces registres de publication ont été exceptés par une autre disposition de la loi ; or , c'est ce qui n'est pas , le titre des exceptions ne rappellant que les *registres des établissemens publics pour ordre et administration générale.* Cette exception ne peut pas plus s'appliquer aux registres de publication qu'à ceux de mariage même. Ils sont tenus , non par un établissement, mais par un fonctionnaire.

et concernent des individus, à la charge desquels est de droit le remboursement des frais de papier timbré.

PATENTES.

MAÎTRES DE FORGES.

Le droit proportionnel de leur patente doit-il porter sur la valeur locative des cours d'eau et des minières ?

Le droit proportionnel doit porter sur la valeur locative du cours d'eau, mais seulement sur ce qui sert à faire aller l'usine, en sorte que s'il s'agissait d'une rivière ou d'une grande étendue d'eau, dont la pêche ferait partie du revenu ou du prix du bail, il serait juste de distraire la valeur locative de cette pêche sur laquelle le droit n'est pas exigible.

Il doit en être de même des terres en culture et des bois qui se trouvent compris sous la même cote ou dans le bail ; mais la distraction est inadmissible pour les *cours* et *jardins*, sous prétexte que ce sont des terreins non bâtis. Ces objets sont sujets au droit, comme dépendances de la maison d'habitation.

Si une forge était affermée avec la mine et le droit d'en tirer le minéral, le prix du bail qui porterait la faculté de faire cette extraction, ne donnerait pas lieu au droit proportionnel de patente. (Décision du ministre des finances, du 28 brumaire an 9.

ART. 649.

RÉPERTOIRE.

Le double des répertoires que les notaires sont te-
nus de déposer au greffe du tribunal civil est-il
soumis au visa prescrit par l'article 51 de la loi
du 22 frimaire an 7 ?

Suivant les lois des 29 septembre 1791, article 16,
titre 3, et 16 floréal an 4, article 1er., les notaires
sont tenus de déposer, dans les deux premiers mois
de chaque année, au greffe du tribunal civil du département de leur résidence, le double, d'eux certifié, du répertoire des actes par eux reçus dans le
cours de l'année précédente.

L'on a soutenu que si ces lois avaient voulu qu'il
fût seulement déposé une expédition ou copie du répertoire, elles ne se fussent point servi du mot
double, qui signifie dans le sens littéral un original
fait double et non une copie qui n'a point le même
caractère ; d'où l'on inférait que les deux doubles
étaient sujets au *visa* prescrit par l'article 51 de la
loi du 22 frimaire an 7.

Mais c'est une erreur ; les articles précités portant
que le double à déposer *sera certifié* par les notaires,
expliquent suffisamment qu'il ne doit être déposé
qu'une copie ou expédition, par eux certifiée, et
qu'ils ne sont pas obligés de tenir des répertoires en
double original, ni par conséquent à faire viser le
double qui doit être déposé.

ART. 630.

FRAIS DE JUSTICE.

De quelle manière s'acquittent les frais de condamnation prononcées contre la régie ?
Comment sont-ils alloués en dépense aux receveurs qui en ont fait le paiement ?

Lorsque la régie succombe dans une instance, si le jugement prononce la condamnation aux dépens, ces dépens sont liquidés par le jugement même, ce qui semble en autoriser le paiement.

Le receveur auquel le jugement est signifié peut acquitter les dépens au moyen d'une quittance au pied de la copie du jugement, et dans le cas où il ne serait pas signifié, sur l'extrait représenté.

Cette précaution parait suffisante ; on ne peut demander au receveur de se faire délivrer un exécutoire, la liquidation énoncée dans le jugement en tient lieu, cette formalité n'est exigée que pour les frais de poursuite au nom de la régie et pour le paiement des salaires de témoins et autres frais non liquidés ; il semble également que l'autorisation du directeur est inutile, puisqu'on ne pourrait la demander sans suspendre l'exécution du jugement, ce qui porterait atteinte aux droits des parties. Cependant nous croyons qu'il est convenable que les receveurs lui donnent avis des paiemens de cette nature qu'ils auront été obligés de faire, et qu'ils entrent dans les détails que ce paiement semblera exiger.

Nous avons rapporté au n°. 64, article 448, une décision du ministre des finances, qui autorise le préfet d'un département à tirer un mandat pour le paiement des frais d'une instance dans laquelle la république a été condamnée.

Nous observons que cette instance était relative à une question de propriété, qu'elle avoit été intentée par un commissaire du gouvernement, que la régie était, en quelque sorte, étrangère à cette discussion; il était donc nécessaire que le receveur fût autorisé à acquitter ces frais. Mais la question à laquelle nous répondons ne nous paraît pas dans la même hypothèse.

ART. 651.

DOMAINES NATIONAUX.

RENTES DUES A LA RÉPUBLIQUE.

Ces rentes peuvent-elles être compensées avec les arrérages d'une pension sur le trésor public ?

Le mode de paiement de ces arrérages est determiné par des lois dont l'exécution est étrangère à l'administration des domaines ; il est soumis à des formalités et à des règles qui doivent être observées pour que le pensionnaire puisse recevoir, et c'est aux administrateurs du trésor public à constater la somme à payer, et à vérifier si les quittances et pièces produites à l'appui sont dans la forme prescrite. D'ailleurs les lois qui autorisent la compensation n'indiquent nommément que les *créanciers* directs de l'état, or le

pensionnaire, n'est pas, proprement dit, un créancier de l'état, c'est un salarié, pour récompense de
ses services, soit dans la marine, la guerre, les
finances, etc. ainsi les dispositions des lois, l'ordre de
la comptabilité et les différentes attributions des mi-
nistères, s'opposent également à ce que la compensation soit admise dans ce cas, sauf au pensionnaire
à se pourvoir à la trésorerie nationale et dans les
formes voulues, pour être payé de ce qui peut lui
être dû sur les arrérages de sa pension. (Décision
du ministre des finances, du 21 brumaire an 9.)

ART. 652.

RÉPARATIONS.

*Les frais de réparations ne peuvent être alloués aux
locataires, qu'autant qu'elles ont été autorisées
dans la forme prescrite par les lois.*

Plusieurs conseils de préfecture avaient cru pouvoir
allouer à des locataires des domaines nationaux, en
déduction du prix de leur bail, les réparations qu'ils
y avaient fait faire à leurs frais sans y être autorisés.
Le ministre a prescrit le rapport des arrêtés rendus
dans cet esprit. Ses décisions des 21 vendémiaire et 1er.
brumaire an 9 sont fondées sur ce qu'aux termes des
lois des 23 octobre 1790 et 12 septembre 1791, les réparations des domaines nationaux doivent être toujours
autorisées administrativement, et adjugées au rabais
sur devis préalable lorsqu'elles excèdent 150 fr.

ART. 653.

LOIS ET ACTES DU GOUVERNEMENT RELATIFS
AUX FINANCES.

Un arrêté du 13 brumaire an 9 , détermine un nouveau mode d'exécution du système décimal des poids et mesures. Il applique d'anciennes dénominations y exprimées aux nouvelles mesures , et permet de se servir dans tout acte public d'achat ou de vente de pesage ou de mesurage , de l'une ou l'autre nomenclature.

Un arrêté du 15 brumaire an 9 , porte « que les » sommes qui restent dûes aux hospices civils par les » départemens de la guerre , de la marine et de l'inté- » rieur , pour service des années 5 , 6 , 7 et 8 , leur » seront payées en capitaux des rentes appartenant à » la république. »

Un arrêté du 25 brumaire an 9 , ordonne la main- levée des séquestres et oppositions mis en exécution des lois des 23 et 29 nivose an 2 , sur les biens des héritiers et co-intéressés des fermiers-généraux des baux de David , Salzard et Mager.

Un arrêté du 9 frimaire an 9 , porte « que les cau- » tionnemens des greffiers, avoués et huissiers , sont » payables dans les délais prescrits par la loi du 7 » ventose an 8 , et à partir de la publication de la loi » du 27 du même mois , dans chaque département. »

ART. 654.

ENREGISTREMENT.

CONTRAT DE MARIAGE.

Par contrat de mariage, le futur se constitue une somme de 1900 fr., qui lui est payée par son frère, donataire de leur père commun, à la charge d'acquitter cette somme lors de l'établissement du futur. Quel droit opère cette disposition ?

Nous avons établi, art. 415 de ces Instructions, que la charge imposée au futur donataire de son père, de payer à ses frères une somme déterminée, est une donation en faveur de ces derniers, et que le droit en était perceptible lors de l'enregistrement du contrat de mariage, sur le pied d'un franc 25 centimes, d'après l'article 69, §. 4, n°. premier de la loi du 22 frimaire an 7.

Il suit de ce principe, que dans l'espèce, le paiement de la dot au futur par son frère, ne peut être considéré que comme quittance ou libération sujette au droit de 50 centimes par cent francs.

Pour répondre à la question qui nous en a été faite, nous observons que cette perception

doit toujours avoir lieu , soit que le père vive ,
ou qu'il soit décédé à l'époque du contrat de
mariage , par lequel le frère remplit la condition
qui lui avait été imposée.

A R T. 655.

Comment liquider les droits d'un contrat
de mariage passé après la célébration ,
et qui contient , entr'autres , les dispo-
sitions suivantes ?

Le père du futur donne à son fils en faveur
du mariage , le quart de ses biens meubles et
immeubles , estimé mille francs.

La future reçoit en dot de son père , la
somme de 3500 francs , savoir, celle de 3100 fr.
du chef de son père , et celle de 400 francs
pour lui tenir lieu de ses droits légitimaires
dans la succession de sa mère. Cette somme de
3500 francs est avancée par le frère de la future,
et reçue par le père du futur qui la reconnaît sur
tous ses biens , avec subrogation au profit du
frère du futur, exclusivement à tout autre , et
tous les arrangemens sont faits avec le consentement des futurs et de toutes les parties in-
téressées.

La dot constituée à la future par son père ,
n'est que de 3100 francs , parce que l'on ne

doit pas y comprendre les 400 francs, dont il tient compte pour ses droits légitimaires du chef de sa mère. Elle est censée se constituer elle-même cette somme provenant d'un droit acquis et échu par le décès de sa mère.

Ainsi il n'est dû un et un quart pour cent, que sur la somme de 3100 francs.

Pour déterminer les droits qui résultent du paiement de la somme de 3500 francs par le frère de la mariée au père du futur, il faut examiner l'ordre dans lequel le paiement est censé avoir été fait. Toutes les parties étant présentes, on doit supposer que c'est le débiteur qui paie. Ainsi, c'est le père de la future qui est censé payer la dot qu'il constitue à sa fille avec les fonds qui lui sont fournis par son fils. Il n'est pas dû de droit particulier comme quittance, mais il est dû celui d'un pour cent pour l'obligation de 3100 francs, contractée par le père, envers son fils.

A l'égard des 400 francs, ou les droits légitimaires ont été fixés en argent, ou non.

Dans le premier cas, il n'est dû que le droit de quittance ; dans le second cas, les 400 fr. sont réputés le prix de la cession des droits légitimaires de la future, et donnent lieu au droit de 4 pour cent.

C'est au mari qu'il appartient de recevoir la dot,

dot , cependant , c'est ici le père du marié qui la reçoit , et la reconnaît au profit de la mariée.

Ces arrangemens ne peuvent avoir lieu que du consentement du marié , le paiement est réputé fait à ce dernier , qui remet ensuite la somme à son père , à titre de prêt. C'est ici une seconde obligation qui opère un nouveau droit à raison d'un pour cent sur 3500 francs. La reconnaissance au profit de la mariée , n'est que la conséquence nécessaire de cette disposition.

Cette dernière disposition de la solution réforme l'avis que nous avions émis , article 400 , pag. 226 de nos Instructions. Nous invitons en conséquence , nos Abonnés , à l'annoter en marge.

(Solution de la Régie , du 18 vendémiaire an 9.)

ART. 656.

BAIL A FERME.

Bail pour 6 ans, 1°. d'un terrain, moyen-
nant 3000 francs, une fois payés, et avec
la faculté d'en extraire la tourbe;
2°. d'une prairie destinée à la manipu-
lation de la tourbe, moyennant 120 fr.
par an; le tout au même particulier.
De quels droits cet acte est-il passible ?

PREMIÈRE OPINION.

Le bail ne transmet que la jouissance tempo-
raire d'une chose. Il n'investit le preneur que de
l'usufruit. L'objet affermé doit, à l'expiration
du bail, être rendu au même état où il était,
lorsque le bailliste l'a reçu du bailleur. Cette
condition, qui constitue essentiellement le bail,
aura-t-elle, dans l'espèce, été remplie ? Non.
Le preneur aura usé de la faculté que son contrat lui a transportée, en détériorant le fonds
affermé, et retirant la tourbe qui en faisait
partie; il aura épuisé le fonds d'une richesse
qui y était inhérente ; en un mot, il aura
rendu *meuble* une chose qui n'avait pas ce caractère lorsqu'elle n'était pas séparée de l'immeuble, et en résultat, le fonds affermé ne

rentrera dans la main du propriétaire que dépouillé de la chose qui en constituait la richesse.

De ce raisonnement, il faut conclure que
l'acte dont il s'agit présente deux dispositions
distinctes sujettes à deux droits différens :
1°. vente de la tourbe existant dans le fonds,
moyennant 3,000 francs, passible du droit de
2 pour cent; 2°. bail d'une prairie, moyennant
120 fr. par an, passible d'un pour cent sur le prix
des deux premières années, et de 25 centimes
pour cent sur celui réuni des quatre autres.

SECONDE OPINION.

Il faut distinguer une vente de tourbe ex-
traite, avec le droit transmis d'extraire de la
tourbe.

La première disposition est incontestablement
une transmission d'objet mobilier à titre onéreux, opèrant deux pour cent du droit d'enregistrement.

Quant au droit d'extraire, il peut s'affermer
comme il peut se vendre, et c'est aux parties
à caractériser leur convention.

Dans le cas présent, il n'y a pas de prix
annuel, mais un prix une fois payé, ce qui
annoncerait une vente ou cession. Cette considération paraît détruite, en ce que d'une part

on a affermé non-seulement le droit d'extraire,
ce qui ne supposerait que le passage sur le terrein, et son usage pour l'extraction seulement,
mais le terrein même, en sorte que le fermier
jouit de la totalité de la superficie, et en perçoit les fruits, pour la partie qui est ou qu'il
peut mettre en culture. Sous cet aspect la disposition a l'effet d'un bail. D'autre part, les
parties lui en ont donné la dénomination et
la forme, ce qui n'est pas indifférent pour le
cas où le bail viendrait à être résolu pour la
vente du fond que ferait le propriétaire.

C'est donc un bail, 1°. du terrein, 2°. du
droit d'extraire la tourbe, dont ce qui pourra
n'avoir pas été exploité à l'expiration du bail,
restera au propriétaire; 3°. de la partie de pré-
servant à l'exploitation; et le droit d'enregistrement est dû à raison du montant des sommes
cumulées, sur le pied réglé pour les baux.

Nous adoptons cette dernière opinion,
comme plus conforme aux principes et à une
solution de la Régie, rappellée n°. 3 de ces
Instructions, page 40.

ART. 657.

DÉCLARATION DE COMMAND.

Quel droit d'enregistrement doit être payé
pour une déclaration de command qui a
été faite, mais qui n'a pas été notifiée
dans les vingt-quatre heures ?

Par un premier acte passé devant un notaire, un particulier achète une maison pour
compte d'ami, et par acte passé le même jour
devant le même notaire, il fait sa déclaration
au profit de cet ami, mais cette déclaration n'a
point été notifiée.

Les deux actes ayant été présentés au receveur de l'enregistrement pour être revêtus de la
formalité, le receveur a demandé, indépendamment du droit de 4 pour cent payé par le
contrat de vente, le même droit pour la décla-
tion, parce qu'elle ne lui avait pas été notifiée
dans les vingt-quatre heures.

La prétention de ce receveur est-elle fondée ?

L'article 68, n°. 24, désigne comme assujetties au droit fixe d'un franc les déclarations
ou élections de command ou d'ami, lorsque
la faculté d'élire un command a été réservée dans l'acte d'adjudication, ou le contrat de vente, et que la déclaration est faite

par acte public , et notifiée dans les vingt-quatre heures de l'adjudication ou du contrat.

Il eût été sans doute à désirer que la loi du 22 frimaire an 7 eût indiqué à qui la notification prescrite par l'article 68 devait être faite , et eût déclaré que l'omission de cette notification donnait lieu au droit proportionnel , comme le défaut des autres formalités mentionnées en cet article.

Mais lorsqu'on fait attention que cette notification n'est exigée que par rapport au droit d'enregistrement , il est sensible que le vœu de la loi est qu'elle soit faite au receveur de cette contribution , par qui l'acte doit être enregistré , puisque c'est vis-à-vis de lui seul qu'il importe de constater qu'elle a eu lieu dans le délai de vingt-quatre heures , au-delà duquel le droit proportionnel serait dû.

Cette question a été ainsi décidée le 26 germinal an 8 . par la quatrième section du tribunal de première instance du département de la Seine.

D'après ces observations , il ne reste rien à désirer sur la légitimité de la perception de 4 pour cent , à raison de la déclaration dont il s'agit.

(Décision du ministre , du 18 brumaire an 9.)

Cette décision confirme l'opinion que nous avions émise dans un n°. de nos Instructions.

A R T. 658.

MUTATION A TITRE ONÉREUX.

Un arrêté d'un conseil de préfecture portant délivrance de fonds de terre jusqu'à concurrence de 6000 francs de rente, en exécution de la convention qui en avait été faite par un contrat de mariage, donne-t-il ouverture à un droit de mutation ?

Par contrat de mariage du 22 septembre 1786, un père constitue en dot à son fils la somme de 5000 francs de rente, avec la convention qu'arrivant aux père et mère du futur une succession quelconque, ils donneront en toute propriété à leurdit fils, 6000 francs de rente en terres, et par ce moyen, demeureront quittes envers lui de ladite rente de 5000 fr.

En octobre 1787, la convention est devenue exécutoire, par le décès d'une personne dont les père et mère du futur ont hérité, mais elle n'a pas été réalisée.

L'émigration des père et mère du futur ayant donné lieu à la confiscation de leurs biens, le fils s'est pourvu auprès du conseil de préfecture de son département, et a demandé que pour l'exécution de la convention insérée dans son contrat de mariage, il lui fût délivré en toute propriété sur les biens immeubles de ses père et mère, jusqu'à concurrence de 6000 francs de rente.

Cette pétition a été accueillie par le conseil de préfecture, sous les considérations que le contrat de mariage était authentique, et antérieur à l'inscription des père et mère du futur sur la liste des émigrés, qu'il formait en conséquence une obligation valide et incontestable suivant les lois, et notamment suivant l'article 10 de celle du 9 floréal an 3, que le contrat avait reçu toute sa force par la mort du parent arrivée en 1787, et avait acquis par cet événement une action pure et simple au pétitionnaire, pour se faire délivrer une assiète en toute propriété de 6000 l. de rente en terres et métairies, laquelle action ne pourrait être assimilée à celle qui aurait pour objet la liquidation d'une simple créance.

On demande si cet arrêté donne ouverture au droit d'enregistrement dû pour les mutations d'immeubles,

Nous ne balançons point à opiner pour l'affirmative, et nous nous fondons sur ce qu'il résulte de l'arrêté du département, une véritable transmission de propriété.

En effet, il est constant, d'après les termes précis du contrat de mariage, que l'obligation souscrite par les père et mère du futur, de faire assiète de 6000 francs de rente en fonds de terre, était subordonnée à la condition éventuelle qu'il leur échoirait une succession quelconque ; dès-lors, ce contrat ne peut être considéré comme ayant opéré lui-même la mutation d'immeubles. Il n'a transmis au fils qu'une simple faculté, une action à exercer dans le cas prévu. C'est l'exercice de cette action et la tradition faite par l'arrêté, qui ont effectué la mutation ; cet acte seul a saisi le fils, et le droit en est dû sans difficulté sur le pied de 4 pour cent, comme *dation en paiement*.

A R T.   659.

DÉLAI POUR LA DÉCLARATION DES MUTATIONS PAR DÉCÈS.

1°. *Le délai accordé à la nation pour réclamer les droits de succession, ne commence à courir que du jour de la mise en possession des héritiers ; 2°. la dernière loi sur l'enregistrement, n'a pas d'effet rétroactif ; 3°. on ne peut compenser les droits d'enregistrement avec les sommes qui peuvent être dues à la nation, par les particuliers.*

Du 22 vendémiaire an 9.

JUGEMENT DE CASSATION , *rendu au rapport du citoyen Bazire ;*

Contre la citoyenne Chilleau , femme Bonneau.

Les biens du citoyen Chilleau , décédé en l'an **2**, avaient été confisqués au profit de la république, qui en a conservé la propriété jusqu'au 22 prairial an 3.

En vertu de la loi de ce jour, la citoyenne Chilleau , femme Bonneau , appellée à recueillir la succession de son frère , a été mise en possession des héritages.

Elle devait dans les six mois du jour de sa réintégration, faire la déclaration prescrite aux héritiers , et acquitter les droits.

Ayant négligé ce devoir, elle fut sommée d'y satisfaire, par une contrainte qui lui fut signifiée le 26 frimaire an 5.

Une seconde contrainte fut décernée contre elle le 22 messidor an 6 , par suite de la loi du 9 vendémiaire précédent, dont l'article 24 avait accordé un nouveau délai de trois mois , aux héritiers des condamnés.

Enfin , la Régie s'était vue obligée de faire signifier , le 14 brumaire an 8 , une troisième contrainte , et de procéder par voie de saisie.

Alors la citoyenne Bonneau s'est pourvue au tribunal civil de la Gironde. Elle a prétendu que les droits réclamés étaient *prescrits*, attendu que son frère étant mort en l'an 2, *le délai de cinq ans ,* fixé pour le recouvrement des droits de succession, était expiré , et que les poursuites commencées étaient sans effet, aux termes de l'article 61 de la loi du 22 frimaire an 7 , qui regarde comme nulles les poursuites *interrompues pendant plus d'une année* , sans qu'il y ait eu d'instance engagée devant les juges compétens.

Elle a ajouté , que dans tous les cas , il devait y avoir *compensation* , entre les droits de succession , et le montant des fruits qu'on était obligé de lui restituer.

Par jugement du 12 frimaire an 8 , le tribunal civil de la Gironde avait adopté tous ces moyens , et avait déclaré la Régie *non-recevable* dans sa demande.

Sur le recours en cassation , après une admission préalable , l'instance est devenue contradictoire , et la discussion a présenté à juger les mêmes difficultés , comparées avec les *mêmes textes* des lois invoquées précédemment.

La Régie a démontré que le jugement du tribunal civil de la Gironde , était contrevenu à l'article 18 de la loi du 19 décembre , *qui accordait 5 ans ,* pour réclamer utilement les droits de succession.

Aucune des objections de la citoyenne Bonneau ne pouvait écarter l'action de la Régie.

1°. On argumentait de l'article 61 de la loi du 22 frimaire an 7 , qui déclare nulles les poursuites *non-suivies d'instance* dans le délai d'une année , et on prétendait rendre aussi sans effet , *la dernière contrainte* signifiée *le* 14 *brumaire an* 8 , attendu que jusqu'alors *il n'y avait pas eu d'instance engagée.*

L'adversaire , isolant ainsi cette contrainte *des précédentes* , ajoutait que le délai de 5 ans , devait commencer du jour de la mort de son frère arrivée en l'an 2 , et que la Régie était donc hors du délai de 5 ans , au 14 brumaire an 8.

Sur ce point , la Régie a répondu que l'article 61 de la loi du 22 frimaire an 7 , ne pouvait avoir aucune application dans l'espèce, attendu qu'il s'agissait de droits *ouverts antérieurement*; et que l'article 73 de la même loi dit formellement, « que les anciennes lois » sur l'enregistrement continueront d'être exécutées, à » *l'égard des actes faits, et des mutations par décès,* » *effectués* avant sa publication. »

C'était donc la loi du 19 décembre 1790, qu'il fallait suivre, et cette loi se contentait d'une réclamation dans les cinq ans, *sans exiger qu'il y eût d'instance engagée.*

La régie, a prouvé ensuite, qu'en se guidant d'après la seule loi du 22 frimaire an 7, la contrainte signifiée le 14 brumaire an 8, se trouvait faite dans le délai de 5 ans, puisque le délai n'avait pu commencer à courir *que du jour de la mise en possession de l'adversaire.*

C'était de ce jour seulement que l'adversaire *était investie de la propriété* et que le delai de 6 mois courait contre elle pour faire sa déclaration.

La Régie ne pouvait lui rien demander auparavant.

Par la même raison, l'action de la république ne prenait son ouverture, qu'à compter du jour où l'adversaire avait été saisie de la propriété.

Autrement, *en se fixant au jour de décès*, et en supposant que la réintégration s'effectue *plus de cinq ans* après le décès, il se trouverait que la république ne pourrait recueillir aucuns droits de succession, ce qui est absurde.

2°. Pour maintenir l'application de l'article 61 de la loi du 22 frimaire, l'adversaire soutenait que l'article 73, ne pouvait s'entendre *que de la quotité des droits*, et ne concernait pas le délai pour l'exercice des actions.

Cet argument n'était pas soutenable, par la disposition de l'article 73, est générale, et embrasse aussi bien les droits dus à raison des actes antérieurs, *que la forme et les délais* dans lesquels les droits devaient être reclamés.

On n'avait donc pu annuller l'effet des deux premières contraintes, *quoique non suivies d'instances dans l'année*, sans donner *un effet rétroactif* à l'article 61, de la loi du 22 frimaire.

3°. L'adversaire avait prétendu compenser les droits de succession avec le montant des fruits qui lui revenaient.

Mais on avoit confondu deux choses très-distinctes, et confiées par les lois à des autorités différentes.

L'adversaire, qui avait sans doute la faculté de réclamer les fruits perçus depuis le 22 prairial an 3, devait s'adresser à l'autorité compétente pour les faire liquider.

Cela n'arrêtait nullement le paiement des droits dus pour déclaration des héritages recueillis.

Ces motifs ont fait annuller le jugement du tribunal civil de la Gironde.

ARRÊTÉS RELATIFS AUX FINANCES.

Un arrêté des Consuls du 25 brumaire an 9, ordonne la main-levée du séquestre mis sur les biens des héritiers et co-intéressés des fermiers généraux des baux de *David*, *Salzard*, et *Muger*.

Un autre arrêté du 9 frimaire an 9, porte que les cautionnemens des greffiers, avoués et huissiers, sont payables dans les délais prescrits par la loi du 7 ventose, et à partir de la publication de la loi du même mois, dans chaque département.

ART. 660.

ENREGISTREMENT.
DONS MUTUELS.

Les dons mutuels sont-ils soumis à l'insi-
nuation, à peine de nullité et dans quel
délai ?

Dans notre dictionnaire sur l'enregistrement,
au mot *Insinuation*, page 231, nous nous
sommes exprimés ainsi :

„ Quant aux dons mutuels ou avantages ré-
„ ciproques en usufruit des biens de la commu-
„ nauté au survivant des époux, hors le contrat
„ de mariage, le délai de quatre mois pour
„ l'insinuation, ne court contre la femme qu'à
„ compter du décès du mari ; mais à l'égard de
„ ce dernier, l'insinuation ne serait point va-
„ lide si cette formalité n'était donnée qu'après
„ le décès de la femme, après l'expiration du
„ délai de 4 mois. „

Pour éviter toute fausse interprétation, nous
aurions dû ajouter que ce principe consacré
par le sentiment des jurisconsultes, ne recevait
d'application que pour les pays régis par les coutumes qui, comme celle de Paris, portent que
le don mutuel sera insinué, et qu'après cette

insinuation , il ne peut être révoqué que du consentement des deux conjoints.

En effet , le don mutuel n'est pas assujetti aux formes et aux règles prescrites par l'ordonnance de 1731. Voyez l'Encyclopédie , et surtout le Dictionnaire des domaines, au mot , *Don mutuel* , où Bosquet prouve d'une manière aussi convaincante que lumineuse , que le don mutuel n'est point sujet à l'insinuation *légale* ; que la nullité , faute de cette formalité , n'est prononcée par aucune loi , et que l'insinuation la plus authentique n'empêcherait pas d'aliéner et d'hypothéquer valablement les biens , le survivant ne pouvant prétendre qu'à ce qui se trouve, et à la charge de payer les dettes , ce n'est donc pas une donation , mais une simple convention réciproque , qui est seulement sujette à l'insinuation ordinaire ou *bursale*.

D'ailleurs , c'est ce qui a été jugé par arrêts du parlement de Paris , des 22 juin 1776 et 10 mars 1777 , qui ont déclaré deux dons mutuels bons et valables , quoiqu'ils n'eussent été insinués que sur les registres ordinaires et non sur ceux où les donations entre-vifs doivent être transcrites en entier, conformément à la déclaration du 17 février 1731.

Il résulte encore de ces arrêts que les lettres-patentes du 3 juillet 1769, qui ordonnent que

les donations mutuelles faites entre les conjoints
par le contrat de mariage , seront insinuées dans
les 4 mois du décès , à peine de nullité , ne concernent nullement les dons mutuels faits après
le contrat de mariage. Ceux-ci n'étant soumis
qu'à l'insinuation bursale, supprimée par l'article premier de la loi du 19 décembre 1790 , il
s'ensuit qu'ils ne sont pas même aujourd'hui assujétis à l'insinuation, sauf dans la coutume de
Paris et celles qui prescrivent l'insinuation des
dons mutuels pour en assurer l'irrévocabilité.

Cependant, pour éviter des difficultés et des
procès toujours désagréables, les parties agiront
prudemment en faisant insinuer leurs dons mutuels faits après le mariage , dans les 4 mois du
décès, comme il en est usé pour les dons mutuels
contenus dans les contrats de mariage.

ART. 661.

ART. 661.

MUTATIONS PAR DÉCÈS.

DROITS DE SUCCESSIONS DES ABSENS.

A quelle époque peut-on aujourd'hui former
la demande du droit d'enregistrement
pour la succession d'un absent ?

Les successions échues depuis l'absence
d'un individu qui n'a point donné de
preuves d'existence, et avant l'expiration
du délai nécessaire pour le réputer mort,
sont-elles censées avoir été recueillies
par lui, ou ont-elles passé directement
sur la tête des parens habiles à succéder ?

D'après les diverses lois du digeste et du code,
ce n'est qu'après cent ans, terme présumé de la
vie de l'homme, qu'un absent est réputé mort,
et que l'on peut partager définitivement sa succession. Mais ceux qui sont appellés à lui succéder peuvent se faire envoyer en possession de
ses biens et les partager par provision, après
qu'il s'est écoulé un certain laps de tems, sans
qu'il ait donné de ses nouvelles.

Troisième année,　　　　　5

Ce tems n'est pas le même dans toutes les coutumes : il a été fixé à 7 ans par les coutumes du Maine et d'Anjou ; à 3 ans par celle du Hainaut ; à dix ans par d'autres. Ce dernier terme est généralement adopté dans le ressort de toutes les autres coutumes.

La jurisprudence sur ce point subsiste encore toute entière ; elle n'a été changée ni par la loi du 17 nivose an 2, concernant les successions, ni par aucune autre.

Ainsi, aujourd'hui comme autrefois, les héritiers de ceux qui ont disparu ou qui s'absenteraient sans donner de leurs nouvelles, et qui ne sont point soumis aux lois sur l'émigration, peuvent obtenir l'envoi en possession de leurs biens et en faire le partage provisoire dans le délai et aux conditions déterminés par la jurisprudence ancienne et les coutumes locales. Ce partage se fait moins à titre de succession qu'à titre de séquestre ou de dépôt, et les partageans restent obligés de rendre les biens à l'absent s'il reparaissait.

Mais un absent est-il réputé mort du jour où l'on a cessé de recevoir de ses nouvelles, ou du jour du partage provisoire ou de celui de l'envoi en possession obtenu par ses présomptifs héritiers ? La jurisprudence est encore fixée sur cette question.

C'est un principe constant que l'absent est réputé mort du jour du partage provisoire ou de
l'envoi en possession , c'est à partir de ce jour
seulement que les successions qui peuvent
écheoir ne le concernent plus , mais jusqu'à l'é-
poque de ce partage , ou tant que l'absent n'a
pas atteint sa centième année , il peut toujours
succéder , parce qu'il n'y a point de preuve ni
morale ni physique de son décès. Le partage provisoire prouve que l'on a acquis la présomption
de son décès par le défaut de nouvelles de sa
mort. L'absent étant alors réputé mort, les successions qui peuvent écheoir ne le concernent
plus. Tel est l'avis de le Brun , Pothier et autres,
et cet avis est conforme à plusieurs arrêts du
parlement de Paris : l'un , du 7 juillet 1629 , a
jugé que Tiellement, absent depuis 17 ans,
avait succédé à sa mère , décédée 14 ans après
son départ, depuis lequel il n'avait pas donné
de ses nouvelles ; l'autre , du 13 février 1672 ,
a adjugé aux créanciers de Pierre Langlet , une
succession échue à André Langlet son frère , 19
ans après le départ de celui-ci , dont on n'avait
aucunes nouvelles depuis sa disparution , à la
charge par les créanciers de donner caution.

Le droit de centième denier pouvait être demandé après dix ans d'absence sans nouvelles ;
mais pendant les 30 années d'absence, le droit

n'était payé que provisoirement, sous la caution du bail et sauf à le restituer en cas de retour de l'absent. Il était de principe alors que, si la demande n'était formée qu'après 20 ans depuis le jour de l'absence, on ne pouvait pas objecter la fin de non recevoir, pour cause de prescription, par la raison que d'un côté le fermier ne pouvait point agir avant le tems fixé pour réputer l'absent mort, et que de l'autre on ne pouvait fonder la fin de non-recevoir que sur un jugement d'envoi en possession ou un partage provisoire, ou tout autre acte authentique qui aurait donné connaissance de l'ouverture du droit.

Les nouvelles lois sur l'enregistrement n'ont apporté de changement à ces principes que celui des délais pour la prescription. Celle du 19 décembre 1790 porte, article 12 :

,, Pour les héritiers des absens, le délai de
,, six mois ne commencera à courir que du jour
,, où ils auront pris la succession ; et en cas de
,, retour de l'absent, les droits seront restitués. ,,

Cette disposition est rappellée par la loi du 22 frimaire an 7, en ces termes :

,, Le délai de six mois ne courra que du jour
,, de la mise en possession pour la succession
,, d'un absent. ,,

D'après ces motifs, la régie a donné, le 18 frimaire an 9, les solutions suivantes :

1°. La demande du droit d'enregistrement de la succession d'un absent ne peut être formée par voie de contrainte que six mois après l'acte ou le jugement qui constate la mise en possession, et que, faute par les héritiers d'un absent d'acquitter le droit dans le délai déterminé par l'article 24 de la loi du 22 frimaire, ils encourent la peine du demi droit en sus ;

2°. La prescription du droit, faute de poursuites, n'est acquise qu'à l'expiration des cinq années qui ont suivi la mise en possession ou le partage provisoire, ou tout autre acte public qui prouve que les héritiers de l'absent ont pris sa succession.

3°. Jusqu'au moment de la mise en possession par suite d'un paiement ou d'un partage, l'absent qui n'a pas donné de ses nouvelles depuis sa disparution, est censé avoir recueilli la part qui lui revenait dans les successions ouvertes depuis son absence, et celles seulement qui échoient depuis l'envoi en possession ou le partage provisoire, ne le concernent plus quant à l'acquit des droits.

ART. 662.

PRESTATION DE SERMENT.

Les prestations de serment des avoués sont-elles sujettes à l'enregistrement ? A quelle quotité de droit sont-elles assujetties ? Les procès-verbaux de ces prestations de serment doivent-ils être enregistrés sur la minute dans les 20 jours de leur date, ou seulement sur les expéditions lorsqu'elles sont délivrées ?

La première question ne fait point de difficulté ; en effet, les prestations de serment des avoués sont des actes judiciaires, et par-là même soumises à l'enregistrement. La loi du 22 frimaire an 7 n'a pu nommément désigner les avoués, puisque leur création est postérieure à sa publication ; mais elle assujettit à la formalité les sermens de tous les officiers publics et ministériels, or les avoués sont des officiers ministériels ; enfin, tous les actes qui font titre à l'avantage de ceux qui les passent, sont soumis à l'enregistrement ; les prestations de serment des avoués font titre à leur avantage, ce sont des actes indispensables, non-seulement pour l'exercice, mais encore pour la validité de leurs fonctions, ils sont obligés de les représenter à toute réquisition, bien différents en cela des juges et des administrateurs, dont le serment n'est qu'un acte de police intérieure qui ne tient point essentiellement à leur qualité et à l'exercice de leurs fonctions, il n'est donc pas douteux que les prestations de serment des avoués ne soient sujettes à l'enrégistrement.

Mais quelle est la quotité du droit ?

L'article 69, §. 6, numéro 4 de la loi du 22 frimaire, est ainsi conçu : ,, Les prestations de ,, serment des notaires, des greffiers et huissiers ,, des tribunaux civils, criminels, correction- ,, nels et de commerce, et de tous autres em- ,, ployés salariés par la république, autres que ,, ceux compris sous le §. 3, nombre 3, pour ,, entrer en fonctions, sujettes au droit de 15 ,, francs. ,,

Le nombre 3 du §. 3 porte :

,, Les prestations de serment des greffiers et ,, huissiers des juges-de-paix, des gardes des ,, douanes, gardes forestiers et champêtres, ,, pour entrer en fonctions, sujettes au droit ,, de 3 francs. ,,

En convenant que les avoués ne sont pas textuellement désignés dans le §. 6, on observe que cette désignation était alors inutile, parce que les avoués n'existaient pas, que ce n'est point la qualité de l'officier ministériel, mais bien l'acte qu'il passe, et sa nature qui donnent lieu à l'application de l'article, et conséquemment que c'est la prestation de serment qui produit le droit sans distinction de la qualité des personnes qui s'assermentent, autre que celle résultante de l'exception du §. 3, que le §. 6 a embrassé en termes généraux et implicitement les prestations de serment des différens officiers ministériels près les tribunaux civils, et que la désignation particulière des greffiers et huissiers exclut d'autant moins les autres officiers qu'il aurait fallu alors les comprendre dans un autre article, ainsi qu'on l'a fait pour ceux des tribunaux de paix.

On opposerait en vain à cette opinion qu'on ne peut ajoûter au texte de la loi, et qu'elle s'est suffisamment expliquée par le nombre 51 du §. 1er. de l'article 68, qui fixe à un droit fixe d'un franc l'enregistrement de tous les actes civils, judiciaires ou extra-judiciaires qui ne se trouvent dénommés dans aucun des paragraphes suivans, ni dans aucun article de la présente, et qui ne peuvent donner lieu au droit proportionnel.

Cette objection est détruite par l'observation qui précède, et suivant laquelle toutes les prestations de serment sont implicitement comprises dans le §. 6, sous les seules exceptions du §. 3,

et puisque ces actes sont dénommés dans le §
sous les seules exceptions du §. 3, le nombre
51 du §. 1er. est sans application, attendu qu'il
ne concerne que les actes qui ne se trouvent dénommés, par leur nature et effet, dans aucun
des articles. Concluons donc que les prestations
de serment des avoués sont passibles du droit
d'enregistrement de 15 francs.

Mais doivent-elles être enregistrées sur la minute dans le délai de 20 jours ?

Cette troisième question est résolue par la
circulaire de la régie, du 14 germinal an 8,
numéro 1798. Elle établit en principe que les
parties ne peuvent refuser de soumettre ces actes
à la formalité sur la minute, sous prétexte que
n'étant pas expressément dénommés dans le troisième *alinéa* de l'article 7 de la loi du 22 frimaire,
au nombre de ceux que cet assujettissement concerne, ils rentrent dans la classe des actes dont
les expéditions sont seules sujettes à l'enregistrement ; et en effet, l'article 7 de la loi étant une
disposition réglementaire, les actes qu'elle concerne n'ont pu ni dû y être indiqués que par la
dénomination générique de leur espèce, au lieu
que les dispositions organiques étant destinées
à présenter de la manière la plus détaillée le développement des principes établis par les pre-

miers , doivent nécessairement désigner , par leur dénomination particulière , tous les actes auxquels elles s'appliquent ; c'est par cette raison que les prestations de serment ne sont dénommées ni dans l'une ni dans l'autre des dispositions de l'article 7 de la loi , quoiqu'elles soient particulièrement dénommées dans l'article 68, et qu'elles ne sont pas moins comprises dans les dispositions du troisième *alinea* de l'article 7 , au rang des actes sujets a l'enregistrement sur la minute , sous les dénominations génériques de procès-verbaux et certificats qui leur conviennent également à l'une et à l'autre , attendu que leur rédaction en présence du président du tribunal par le greffier , n'a d'autre but que de constater et attester la prestation du serment.

A R T. 663.

P R E S C R I P T I O N.

La prescription peut-elle être opposée contre la demande du droit d'enregistrement d'une vente de domaines nationaux faite en l'an 5 , n n soumise à la formalité, quoique les poursuites soient interrompues depuis plus d'un an !

Quelques-uns pensent qu'il y a lieu, dans ce cas, d'appliquer la disposition de l'article 61 , nombre 3 de la loi du 22 frimaire an 7, portant : « Les prescriptions *ci-dessus* seront acquises irrévocablement , » si les poursuites commencées sont interrompues pen-

» dant une année , sans qu'il y ait instance devant les
» juges compétens , quand même le premier délai
» pour la prescription ne serait pas expiré. »

Mais d'une part , il s'agit de la demande des droits d'un
acte antérieur à ladite loi du 22 frimaire , qui porte,
article 73, qu'à l'égard des actes faits avant sa publication , les lois précédentes continueront d'être
exécutées.

Et de l'autre part , la disposition précitée énonce
qu'elle n'a pour objet que les prescriptions *ci dessus*,
c'est-à-dire celles désignées aux nombres précédens de
ce même article 61. Or , aucune de ces prescriptions
n'est relative à la demande des droits d'un acte, soit
public ou sous signature privée , qu'on a omis de faire
enregistrer. Certainement un notaire , greffier ou se-
crétaire, ne serait pas admis à opposer la prescription
de deux ou de cinq années pour des actes de son ministère qu'il n'aurait pas soumis à la formalité. Il n'y
a , pour ces sortes de demandes , d'autre prescription
que celle réglée pour toutes les actions civiles, c'est-
à-dire , de trente années : par suite , l'interruption des
procédures pendant un an , n'empêche pas que l'instance ne puisse être reprise et suivie , comme elle le
serait dans un procès entre particuliers. Le ministre
des finances a rendu une décision conforme à ces principes , le 22 pluviose an 7.

ART. 664.

HYPOTHEQUES.

Le renouvellement d'inscription d'une créance fait six mois après une première inscription de cette même créance, donne-t-il ouverture à un deuxième droit proportionnel ?

Un particulier avait une créance avec hypothèque générale sur les biens de son débiteur ; il a fait son inscription, qui portait sur tous les biens du débiteur, situés dans l'arrondissement du conservateur.

Le débiteur, pour dégager une partie de ses biens de cet hypothèque, a proposé au créancier de lui spécialiser, par acte devant notaire ; l'hypothèque sur un immeuble d'une valeur suffisante pour garantir le paiement de sa créance. L'acte ainsi passé d'un consentement réciproque, le créancier a fait une nouvelle inscription portant seulement sur les immeubles désignés dans le dernier acte. On a pensé que s'agissant d'une même créance sur les mêmes immeubles, puisque ceux spécialement affectés font partie des possessions qu'avait pour objet le premier bordereau, il y aurait double emploi si l'on percevait un second droit proportionnel.

Nous ne sommes pas de cet avis.

Dès que les deux inscriptions ont des effets différens, il y a novation dans l'inscription, et le droit est dû.

La première, résultant d'un titre antérieur à la loi, conservait une hypothèque générale.

La deuxième ne donne qu'une hypothèque spéciale sur une partie des biens précédemment hypothéqués.

En examinant ensuite cette question sous un rapport général, il est hors de doute que si l'on admettait des renouvellemens d'inscription sans exiger le droit proportionnel qui est, dans tous les cas, le salaire de la formalité, le vœu du législateur ne serait pas rempli. Le conservateur ne doit donc pas entrer dans les motifs de l'inscription ; il suffit qu'elle ait lieu pour que l'attribution qui y est attachée doive être perçue conformément à la loi.

ART. 665.

RELEVÉ DES ACTES DE DÉCÈS.

Les maires sont-ils tenus de remplir l'obligation qui était imposée aux secrétaires des administrations municipales, de remettre aux receveurs de l'enregistrement, tous les trimestres, un relevé des actes de décès ?

La loi du 28 pluviose an 8, sur la division du territoire et l'administration, a attribué aux maires et adjoints, les fonctions administratives qui étoient exercées par les administrations de canton, relativement à la police et à l'*état civil*. Les maires doivent donc satisfaire aux obligations imposées aux secrétaires de ces administrations pour ces objets. Par suite ils doivent fournir, chaque trimestre, aux receveurs de l'enregistrement, le relevé des actes de décès. Le ministre des finances, en répondant en ces termes le 18 frimaire an 9, au préfet du département du Calvados, l'a invité de recommander aux maires de ce département, de fournir régulièrement ces relevés *utiles pour les intérêts du trésor public.*

A R T. 666.

DOMAINES NATIONAUX,

REMBOURSEMENT DU PRIX D'UN IMMEUBLE VENDU A L'ANCIEN GOUVERNEMENT.

Les remboursemens de cette nature doivent-ils être faits en numéraire, ou le vendeur peut-il exiger qu'il lui soit donné des biens nationaux en remplacement ?

Il ne s'agit pas d'un domaine à restituer au propriétaire, il n'y a donc ni revendication, ni remplacement à faire dans l'espèce. Ce n'est qu'une *simple créance du prix d'une vente faite sous l'ancien régime.* Ainsi cette créance est soumise aux dispositions des lois des 9 vendémiaire et 24 frimaire an 6 : aux termes de l'article 8 de cette dernière loi, elle doit être liquidée par le liquidateur général de la dette publique, et remboursée pour un tiers en inscriptions provisoires, et pour les deux autres tiers en bons mobilisés. (Décision du ministre des finances du 21 frimaire an 9.

A R T. 667.

ENREGISTREMENT.

DÉCLARATION POUR SUCCESSION.

Les enfans conçus et à naître sont-ils habiles à succéder ?

Un père a une fille d'un premier mariage ; sa seconde femme se trouve enceinte à l'époque du décès de cette fille.

On demande si la succession de cette fille du premier lit appartient à l'enfant conçu et à naître du second lit, comme frère ou sœur consanguin de la défunte, ou si c'est le père seul qui doit la recueillir.

La solution de cette question importe à la liquidation des droits résultans de la déclaration de cette succession.

Avant de discuter sur le fond de la question, il se présente une difficulté principale qu'il convient de résoudre.

Un enfant conçu mais à naître à l'époque du décès de sa sœur consanguine, est-il habile à lui succéder *instante mortis.*

L'affirmative ne peut être douteuse d'après cette règle de droit qui veut que, *qui sunt in utero*

*pro jam natis-habeantur, quoties de eorum com-
modis et utilitate agitur.*

Si c'est une maxime constante que l'enfant
conçu doit être considéré comme s'il était né ,
on doit en conclure que dès l'instant de sa con-
ception il est habile à succéder.

Ainsi, dans l'espèce , il ne s'agit plus que de
déterminer qui de lui ou de son père .doit succéder à la fille du premier lit.

La loi du 17 nivose an 2 décide cette question.

L'article 83 dit : ,, Si les héritiers du défunt
,, descendent , les uns de son père , les autres
,, de sa mère , une moitié de la succession sera
,, attribuée aux héritiers paternels , et l'autre
,, moitié aux héritiers maternels. ,,

L'article 69 porte : ,, Si le défunt n'a laissé
,, ni descendant , ni frère ou sœur , ni descen-
,, dant de frère ou sœur , ses père et mère ou le
,, survivant d'eux lui succèdent. ,,

Le rapprochement des dispositions de ces deux
articles établit donc en principe général , que
d'une part , toute succession se divise en deux
parties formant les lignes paternelle et maternelle ,
et que de l'autre les frères ou sœurs excluent
leurs père et mère.

Dans l'espèce , la succession de la fille du
premier lit doit se diviser en deux parties.

Et attendu que l'enfant à naître du second lit
exclud

exclud son père de cette succession , elle doit se partager entre lui et les parens maternels de sa sœur consanguine , il prendra en conséquence la moitié de la succession comme ayant tout droit à la moitié paternelle , et comme il est étranger à la ligne maternelle , l'autre moitié passera aux héritiers de cette ligne.

Cette solution est au surplus la conséquence des dispositions de l'article 51 de la loi du 22 ventose an 2 , explicative de celle du 15 nivose précédent.

Mais on demande , actuellement qu'il est décidé que cette succession est en collatéral , si le demi-droit en sus sera exigible , tant contre le père , pour la portion échue à l'enfant à naître , que contre les héritiers maternels , dans le cas où la déclaration de cette succession serait passée hors les délais.

Nul doute à l'égard des héritiers maternels , parce que ceux-ci étant saisis par la loi *instante mortis* , ils ont à se reprocher de n'avoir pas fait leur déclaration dans les délais.

A l'égard du père de l'enfant conçu , mais non né à l'époque du décès , il faut distinguer ,

Ou la naissance de l'enfant a eu lieu avant l'expiration du délai accordé par la loi pour faire la déclaration , ou elle n'est arrivée qu'après.

Troisième année.   6

Dans le premier cas, le père, tuteur né de son enfant, devait faire la déclaration dans les délais.

Dans le second cas, quoiqu'on puisse dire que le père est également curateur né de l'enfant conçu, ce serait extrêmement rigoureux que de le condamner à la peine du demi-droit, attendu que d'après la règle du droit précité, *l'enfant conçu ne passe pour né que lorsqu'il s'agit de son avantage* ; or, ici il s'agit d'une peine dont le principe de droit n'a plus d'application ; ainsi, dans le second cas, le père doit être admis à passer la déclaration sans payer le demi-droit.

Solution de la régie, du 15 frimaire an 9.

Nota. L'article 166 de nos Instructions décadaires, en faisant connaître le mode de partage de la succession d'une femme laissant des enfans d'un premier et d'un second lit, rapporte également les dispositions des deux articles de la loi du 17 nivose an 2, cités dans le présent article ; mais il suffit de rapprocher les deux questions pour se convaincre qu'elles n'ont aucune identité entr'elles.

A R T. 668.

Les biens acquis par le défunt, et dont il n'a pas acquitté le prix, font-ils partie de la succession ?

Un particulier qui avait acquis un domaine, est décédé sans *en avoir acquitté le prix.* Son héritier a prétendu que cet immeuble ne devait pas être compris dans la déclaration des biens dépendans de cette succession, attendu que la propriété d'un acquéreur n'est consolidée que par le paiement du prix de la vente ; que d'ailleurs celui-ci égalant la valeur de l'immeuble, on peut dire qu'il n'y a aucun bénéfice pour l'héritier.

Mais il s'était opéré une mutation par le seul fait du décès de cet acquéreur, dès lors le droit d'enregistrement qui en résultait, a été acquis à la république sur la valeur entière du bien délaissé, quelque fussent les événemens ultérieurs, le nombre 7 de l'article 15 de la loi du 22 frimaire établissant la perception *sans distraction des charges* ; la prétention de cet héritier n'était donc point fondée.

Au surplus il pouvait, si la succession lui était onéreuse, y renoncer: Mais en l'acceptant il était tenu de l'acquittement du droit d'enregiatrement de la mutation, comme étant une charge de cette succession. (Décision du ministre des finances, du 8 frimaire an 9.)

ART. 669.

Les receveurs sont-ils autorisés à exiger des héritiers , qui se présentent pour acquitter les droits de mutation par décès avant l'expiration du délai de six mois , l'extrait de sépulture du décédé ?

On ne peut exiger des redevables plus que la loi ne prescrit ; or, celle du 22 frimaire an 7 , non plus que les précédentes, n'astreint point les héritiers à rapporter l'extrait mortuaire de celui dont ils déclarent les biens à eux échus. C'est aux receveurs à faire affirmer, dans la déclaration , la date du décès , aux peines de droit, et à s'assurer ensuite, à la vue de leur table des sépultures, si la date déclarée est véritable. En cas de contravention , et que le décès se trouve antérieur de plus de six mois à la déclaration , ils reporteront procès-verbal et suivront, contre les héritiers, le paiement du demi droit en sus encouru, la fraude ne pouvant profiter à celui qui la commet.

A R T. 670.

VENTE D'IMMEUBLE.

Un acquéreur n'a pas pu notifier son contrat et sa transcription au créancier de son vendeur, et en conséquence, l'hypothéque subsiste à son égard. Ce créancier donne quittance à l'acquéreur de la somme qui lui est dûe, et le subroge à ses droits envers le vendeur.

Cet acte est-il considéré comme cession de créance ou comme quittance pure et simple ?

L'acquéreur, dit-on, ne doit rien au créancier de son vendeur ; le contrat de vente ne contient aucune délégation, et le prix de la vente ayant été payé lors du contrat, l'acte, dont il s'agit, a l'effet d'une cession de créance, et doit acquitter le droit sur ce pied.

Nous ne le pensons pas : l'acquéreur, en ne remplissant pas le vœu de l'article 3o de la loi du 11 brumaire an 7, est devenu personnellement responsable envers le créancier inscrit du montant de sa créance. Il paie, parce qu'il est obligé de payer S'il a son recours sur le vendeur, ce n'est pas en vertu d'une stipulation, c'est par le fait même du paiement qu'il est forcé de faire pour autrui : l'acte n'a donc pas le caractère d'une cession ; c'est une quittance dont le recours sur le principal obligé est une suite nécessaire, et qui doit le droit d'enregistrement sur ce pied.

A R T. 671.

CONTRAT DE MARIAGE.

Un père constitue à sa fille, par contrat de mariage, 4000 fr. en hardes et argent et 20000 fr. en immeubles; le futur n'a aucun apport, et en cas de restitution de dot à la future ou à ses hoirs, il s'oblige de rendre les hardes en nature, d'après une nouvelle estimation, et le restant de la dot en argent.

Comment doit-on liquider les droits de ce contrat ?

Suivant la constitution de Justinien, qui fait la loi en pays de droit écrit : „ Les fonds dotaux ne peuvent être aliénés ni hypothéqués d'aucune manière. „

On excepte de cette règle générale le cas où le fonds dotal a été baillé au mari, estimé à une certaine somme, parce que l'estimation a l'effet d'une vente qui en serait faite au mari, et

le rend propriétaire du fonds , de façon qu'il est
le maître de le retenir , en payant le prix sur le
pied de l'estimation , à moins que le contrat ne
renferme une clause contraire ; ce qui n'empêche
pas , si le mari , après la vente , se trouvait insolvable , que le fonds , quoique baillé , estimé ,
ne pût être subsidiairement revendiqué et ré-
pété comme dotal par la femme où par ses enfans. (*Ferrière* , *livre* 11 , *titre* 8.)

En appliquant ces principes à l'espèce , la question ne peut être douteuse. — Par la clause
rapportée , le mari n'est tenu envers sa femme et
ses enfans qu'au paiement en argent des immeubles estimés. Il peut en disposer comme d'un
bien propre. Le contrat contient , par le fait ,
cession actuelle au mari , des immeubles qui
constituent la dot de sa femme , et cette disposition est passible du droit de 4 pour 100.

Il ne faut pas cependant induire de cet avis
que la seule estimation des immeubles dont la
femme est dotée , donne ouverture au droit de
4 pour 100. Sans la stipulation expresse qui
donne au mari le droit de rembourser en argent
les immeubles qu'il a reçus pour la constitution
dotale , la cession doit être regardée comme purement facultative ; et l'article sera porté à la
table des dispositions éventuelles pour faire acquitter le droit de mutation au tems où elle sera

consommée, soit par l'aliénation que fera le mari, soit par le paiement en argent dans le cas de restitution de la dot.

ART. 672.

EXPLOIT.

Quels sont les droits à percevoir sur une saisie de meubles, contenant établissement de gardien et dans le même contexte, sommation au gardien de représenter les effets saisis dans un lieu et à un jour indiqués, et à la partie saisie, pour voir procéder à la vente des effets ?

Les uns pensent qu'il n'est dû que deux droits fixes d'un franc. Ils se fondent sur les dispositions du premier paragr. de l'article 68, n°. 3o de la loi du 22 frimaire, qui porte seulement : « *il sera dû un* » *droit pour chaque demandeur ou défendeur, en* » *quelque nombre qu'ils soient, dans le même* » *acte, etc.* » d'où ils infèrent que dans l'espèce, puisqu'il n'y a qu'un seul acte signifié à deux personnes, il n'est dû que deux droits ; ils préviennent aussi l'induction que l'on peut tirer contre leur opinion de l'article 11 de la loi, en disant que la sommation faite au gardien ou séquestre et au saisi, dérive nécessairement du procès-verbal de saisie mobiliaire, car le but du saisissant est de faire vendre les meubles pour recevoir la somme qui lui est due ; vente, qui ne peut être faite qu'après la sommation.

Nous n'ignorons pas que cette opinion aura peut-être plus de partisans que l'opinion contraire, parcè que l'usage est assez général de ne percevoir que deux droits dans l'espèce, cependant on peut soutenir que cette perception est insuffisante, d'après les dispositions de l'article 11 de la loi du 22 frimaire an 7.

L'article 68 du tarif porte : « lorsque dans un acte
» *quelconque* , soit civil, soit judiciaire ou *extrà-*
» *judiciaire, il y a plusieurs dispositions indépen-*
» *dantes ou ne dérivant pas nécessairement les unes*
» *des autres, il est dû , pour chacune d'elles , et*
» *selon son espèce, un droit particulier.* »

La première partie de cet article comprend les saisies, sommations et tous les actes faits par les huissiers ; il n'y a donc qu'à examiner si la sommation est indépendante et ne dérive pas nécessairement de la saisie.

Que doit-on entendre par ces dernières expressions ? Il paraît que dans leur véritable acception , expliquée par l'article 10 qui précède celui qui vient d'être cité, une disposition n'est exempte du droit d'enregistrement, que lorsqu'elle est nécessaire pour la validité ou le complément de la disposition principale ; enfin, que si cette disposition n'était pas stipulée , l'acte ne serait pas entier.

En appliquant ce raisonnement à l'espèce , peut-on dire que la saisie ne serait pas complette , si la sommation n'y était pas insérée ! L'erreur serait trop sensible, car le plus souvent la sommation est faite par acte particulier. Il est même dans la nature des choses qu'elle ne soit pas faite dans le procès-verbal de saisie , puisque l'ordonnance de 1667 veut que la

vente des choses saisies ne soit faite qu'après avoir
fait juger les oppositions à la vente, et au plutôt,
dans les huit jours de la saisie ; la sommation qui doit
précéder la vente des objets saisis n'est donc pas indépendante ou ne dérive pas nécessairement de la
saisie, d'où l'on doit conclure que cette disposition
opère un droit particulier.

Nous pensons que ce raisonnement pêche par sa
base.

Je fais assigner un particulier pour se voir condamner, d'une part à se désister de l'usurpation qu'il a
faite sur mon champ, et de l'autre, à me payer le
montant d'une obligation dont le terme est échu. On
n'a jamais perçu deux droits d'enregistrement pour un
pareil exploit, sous prétexte qu'il renferme deux dispositions. Il a en effet un double but; mais le terme
de *disposition* ne s'applique en général qu'aux conventions contenues dans un acte fait entre plusieurs
personnes ; et là quotité des droits des exploits et
significations se règle uniquement d'après le nombre
des demandeurs et celui des défendeurs. C'est ce
qu'ordonne le nombre 30 du premier parag. de l'art.
68, qui porte : « *il sera dû un droit pour chaque de-*
» *mandeur ou défendeur, en quelque nombre qu'il*
» *soient.* » L'usage est, en conséquence, de ne percevoir qu'un droit pour la signification faite à un défendeur à la requête d'un seul demandeur, soit que la
signification ait un ou plusieurs objets.

A R T. 1673.

P R E S C R I P T I O N S.

MUTATIONS PAR DÉCES.

*La prescription de cinq ans, établie par l'art. 61 de
la loi du 22 frimaire an 7, peut-elle être opposée
par un héritier pour se soustraire au paiement du
droit d'enregistrement résultant d'une mutation par
décès, lorsque la république a joui à titre de dès-
hérence des biens dépendans de la success on, avant
que cet héritier ne se soit fait connaître ?*

L'article 24 de cette loi veut que le délai de six mois
fixé pour fournir la déclaration des biens recueillis par
succession, ne commence à courir pour celles qui auront été séquestrées pour *quelque cause que ce soit,
que du jour de la mise en possession.*

Suivant l'article 32, les droits de ces déclarations
doivent être payés par les héritiers, donataires ou
légataires.

Or, lorsqu'à défaut d'héritiers qui se présentent ou qui peuvent justifier de leurs qualités, une
succession est adjugée à la république à titre *de dès-
hérence*, l'article 24 est applicable.

D'un autre côté il n'y a évidemment aucun héritier
connu contre lequel on puisse agir pour l'obliger à
faire la déclaration, et à acquitter les droits de la
mutation. Cet héritier est lui-même réputé ignorer ses
droits. Ainsi durant la jouissance de la nation, on ne
peut le contraindre à satisfaire à l'article 32.

D'après les termes pré is de la loi , il ne devient assujeti à fournir sa déclaration qu'au moment où il est autorisé à prendre possession des biens. Donc c'est cette époque qui doit , dans ce cas , servir à régler le terme de la prescription.

L'article 61, qui fixe ce terme à cinq années , à *compter du jour du décès* , ne concerne que les héritiers , donataires et légataires connus à l'époque du décès. Il ne détruit point l'effet de l'exception déterminée par l'article 24 en faveur des héritiers des successions séquestrées. (Décision du ministre des finances du 8 frimaire au 9.)

A R T. 674.

COMPTABILITÉ.

RECOUVREMENT DE FRAIS ET AMENDES.

Les receveurs des domaines doivent recouvrer , avec les amendes forestières , tant l s droits d'enregistre ent et de timbre perçus en debet *, que les frais de citations de témoins et autres en remboursement d squels les délin uans sont c ndamn s.*

Cette perception a été divisée dans plusieurs départemens. Les receveurs du domaine ne recevaient que les amendes et les droits d'enregistrement et de timbre perçus en *debet* ; le paiement du surplus était fait entre les mains des receveurs de l'enregistrement.

On a observé avec raison qu'il en résultait des inconvéniens et une double opération , en général , pour des objets minutieux : aussi la régie a décidé que la perception du tout serait faite à l'avenir par le re-, ceveur des domaines. (Solution de l'administration, du 18 frimaire an 9.)

ART. 675.

DOMAINES NATIONAUX.

PRESCRIPTION DE LOYERS ET FERMAGES.

Jugement du tribunal civil de Paris, du 26 thermidor an 7.

L'art. 142 de l'ordonnance de 1629, porte « que les » loyers des maisons et prix des baux à ferme ne pour- » ront être demandés cinq ans après les baux expirés.»

Excipant de cette disposition, le fermier des terres de Fronsac avait prétendu que les héritiers Richelieu et la nation co-propriétaire indivis avec elle, comme représentant l'émigré Richelieu-Chinon, étaient non-recevables dans la demande d'arrérages de prix de fermes échus avant et y compris 1791.

Le tribunal a écarté ce moyen par un jugement de condamnation, du 26 thermidor an 7.

Voici ses motifs :

« Attendu que l'ordonnance de 1629 n'a pas été » publiée ni enregistrée au ci-devant parlement de » Paris, dans le ressort duquel toutes les parties » étaient domiciliées ; que d'après nos anciennes » lois, notamment l'ordonnance de 1667, titre pre- » mier, cette formalité était indispensable pour donner » force de loi à la volonté du législateur, que par » conséquent, la disposition de l'ordonnance de 1629,

» concernant la prescription des arrérages des loyers,
» et fermages réclamés cinq ans après les baux expi-
» rés, ne peut être invoquée dans l'espèce, attendu
» d'ailleurs, en ce qui intéresse la nation, que toute
» precription contre elle pour raison de ses droits
» dependans des biens nationaux, a été suspendue par
» la loi du 6 juillet 1791, depuis le 2 novembre 1789,
» jusqu'au 2 novembre 1790, qu'ainsi, on ne pour-
» rait invoquer contre la nation, la prescription qui
» aurait pu s'établir par le laps de cinq années, depuis
» le premier janvier 1792, époque de l'expiration du
» bail dont il s'agit, jusqu'au 16 messidor an 6,
» époque de l'arrêté du département; attendu, en ce
» qui touche les héritières Richelieu, que la loi du
» 20 août 1792, étend aux biens des particuliers, les
» dispositions de celle du 6 juillet 1791 précitée; que
» ses dispositions s'appliquent d'autant plus à l'espèce,
» que le séquestre avait été mis sur les biens des hé-
» ritières Richelieu, qu'ainsi elles étaient dans l'im-
» puissance d'agir, soit à raison de ce séquestre,
» soit à raison de leur minorité; attendu qu'il résulte
» de ces diverses considérations, que quand même
» on devrait regarder les parties comme étant sous
» l'empire de l'ordonnance de 1629, cette loi ne
» pourrait leur être appliquée, la prescription dans
» ce cas n'ayant pu courir contre elles. »

Le tribunal condamne, etc.

ART. 676.

ENREGISTREMENT.

ACTE SOUS SEING - PRIVÉ , CONTENANT PLUSIEURS DISPOSITIONS.

Un acte sous seing-privé contient à-la-fois des dispositions , par leur nature , assu-jéties à la formalité dans un délai dé-terminé , et des dispositions étrangères à cette obligation. Cet acte n'est présenté à l'enregistrement qu'après le délai. Quelles sont les peines encourues dans ce cas ?

Des receveurs avaient pensé que celle du double droit prononcée par la loi , ne devait frapper que sur celles des dispositions de l'acte qui , par leur nature , en étaient susceptibles , et que la perception du droit simple était la seule que l'on pût faire sur les autres.

Ils étaient dans l'erreur. Un acte ne peut être enregistré partiellement , et la peine ne peut être syncopée. L'article 22 de la loi du 22 frimaire an 7 n'établit aucune distinction entre les dispositions différentes des actes sous si-gnatures-privées. Il les assujétit au double droit, lorsqu'ils ne sont pas enregistrés dans le délai prescrit, Ainsi, dans l'espèce, la peine doit être étendue même aux dispositions renfermées dans l'acte dont il s'agit, qui, si elles en étaient séparées, ne paieraient que le droit ordinaire, quelle que fût l'époque de leur enregistrement.

(Solution de l'administration, du 28 frimaire an 9.)

A R T. 677.

VENTE D'IMMEUBLES.

Une vente d'immeubles est faite moyennant 500 livres de rente foncière, réversible, au décès du vendeur, sur la tête d'une domestique à laquelle il en fait don, avec la clause qu'au décès du donataire, ladite rente sera réduite à 400 fr., et pourra être amortie, envers les héritiers du vendeur, moyennant 8,000 fr. Comment liquider les droits de cet acte ?

Pour décider cette question il faut examiner, sans s'arrêter aux termes de l'acte, quel est l'effet des conventions. Il n'y est réellement stipulé qu'une rente foncière de 400 fr., et une rente viagère de 100 fr., puisque l'acquéreur ne sera tenu de payer 500 fr. que pendant la vie du vendeur

deur et de son donataire, et qu'à leur décès il pourra se libérer avec 8000 fr., capital au denier 20 de la rente de 400 fr. Le prix de la vente est donc de 9000 fr.; c'est sur cette somme que doit être assis le droit proportionnel : il doit en outre être perçu 3 fr. pour la donation éventuelle, et l'article doit être porté à la table des dispositions éventuelles, pour faire payer le droit d'un fr. 25 cent. par 100 fr., lors de l'événement de la donation, s'il y a lieu,

(Solution de la régie, du 18 frimaire an 9.)

A R T. 678.

LIBÉRATION PAR UN TIERS AU NOM DU DÉBITEUR PRINCIPAL.

Jacques paie par anticipation, à Paul, comme caution non-solidaire de Pierre, volontairement et sans demande préalable, avec subrogation aux droits du créancier soldé, une somme du 1000 fr. due par acte authentique, de quel droit cet acte est-il passible ?

Si la caution était dans le cas d'être mise en cause, nul doute que le paiement qu'il fait, et le recours sur le principal obligé qui en est la suite indépendamment de toute stipulation, n'opéreraient que le droit d'un demi pour cent, comme pour un simple acte de libération.

Troisième année. 7

Mais le paiement est volontaire , dés-lors l'acte à l'effet, non d'une obligation, puisque le débiteur n'est pas présent, non d'une délégation qui suppose un débiteur qui se libère , mais d'un transport de créance à terme, lequel doit un pour cent suivant le paragraphe 3 de l'article 6 *j* du tarif.

A R T. 679.

C O N T R A T   D E   M A R I A G É.

Un père et une mère en mariant leur fils ,
l'instituent leur héritier, sous la réserve
qu'ils font de la jouissance de leurs
biens pendant leur vie. Cette disposi-
tion doit-elle être considérée comme do-
nation entre-vifs , ou comme institution
contractuelle ?

En faveur du premier avis , on dit : Si les père et mère du futur n'ont entendu lui assurer que les biens qu'ils laisseront à leur décès , et s'ils ont voulu conserver la faculté d'aliéner, pourquoi ont-ils stipulé la réserve de jouissance ? N'était-elle pas de droit, même inséparable de la disposition principale ? Cette réserve paraît les dépouiller de la nue propriété, et la transmission en est actuelle.

Ce raisonnement n'est pas exact. Une disposition aussi importante qu'une donation ne saurait se présumer, elle doit être clairement exprimée ; or , l'acte ne contient point de clause qui transmette actuellement la propriété des biens des père et mère au futur époux. La réserve de l'usufruit est une disposition surabondante , qui ne change rien à l'effet de l'institution.

A R T. 680.

MUTATION PAR DÉCÈS.

DÉCLARATION PAR UN POSSESSEUR PROVISOIRE.

Pour une insuffisance d'estimation d'immeubles résultante d'une déclaration faite par un possesseur provisoire , peut-on demander le double droit aux héritiers qui ne jouissaient de rien à l'époque de la déclaration , et qui étant sous le séquestre , n'ont pu faire eux-mêmes la première déclaration avant qu'il fût levé ?

Voici les faits.

Une femme , en mourant, laisse deux légataires et un grand nombre d'héritiers , dont trois sont prévenus d'émigration. Par suite de cette dernière circonstance, le séquestre a été mis sur les biens de la succession, mais les légataires ont obtenu l'envoi en possession de la totalité, à charge d'en rendre compte. Ils ont fait une déclaration, les droits ont été perçus.

Mais enfin, après de longues difficultés, les héritiers ont fait reconnaître leurs droits, et demandé partage avec la république. Les estimations faites dans le partage ont élevé les biens de la succession, à une valeur bien supérieure à celle déclarée par les légataires.

Peut-on exiger des héritiers qu'ils payent le double droit pour cette plus value ?

Les droits de succession sont dus sur les biens qui la composent, et tant que le séquestre est sur les biens, les héritiers ne doivent rien.

Dans l'espèce, les légataires ont été envoyés en possession à charge de rendre compte ; ils ont fait la déclaration des biens dont ils jouissaient. Cette déclaration se trouve insuffisante, la faute en est à eux ou aux bases sur lesquelles ils l'ont établie, mais il ne peut être exigé qu'un simple supplément de droit, et non pas un double droit.

L'article 24 de la loi du 22 frimaire an 7,

porte « que le délai de six mois ne courre que du jour de la mise en possession pour une succession séquestrée, et qui est recueillie par indivis avec la nation.

Il est possible que la déclaration faite par les légataires soit insuffisante, mais ce n'est pas aux héritiers à en supporter la peine, ils ne jouissaient de rien, et ne doivent payer que dans les six mois qui suivent le partage.

La déclaration faite par les légataires à cause de leur jouissance provisoire, ne peut être considérée que comme provisoire à l'égard des héritiers surtout, elle peut bien servir à prouver que le droit n'a pas été acquitté en entier, mais elle ne peut engendrer une peine contre les héritiers.

Il est donc évident, que dans le cas dont il s'agit, il n'est dû qu'un supplément de droit sur la portion de biens plus valués, mais on ne peut exiger un double droit.

[Solution de l'administration , du 2 nivose an 9.]

A R T. 681.

Les héritiers sont-ils tenus de déclarer les objets litigieux ou incertains ?

Nous allons éclaircir la question par un exemple.

Un particulier en mourant laisse entr'autres immeubles, 10 arpens de terre qui seront pris sur une ferme, et désignés par des experts nommés à cet effet.

Il laisse encore des droits successifs, pour lesquels il existe une instance devant un tribunal.

Cette succession présente deux objets; l'un, dont la propriété est assurée, mais dont la valeur est incertaine, puisqu'elle dépend d'une décision d'experts.

L'autre, dont la propriété est incertaine, puisque les droits réclamés étant contestés, la demande peut être rejettée.

Dans ce dernier cas, il ne peut y avoir, pour le présent, de déclaration à passer ni de droit à payer, l'objet étant purement éventuel; il faut seulement en faire mention pour mémoire dans la déclaration à faire pour les autres biens, avec soumission d'acquitter le droit, s'il y a lieu, dans les six mois de la date du jugement ou de la transaction qui pourrait le prévenir.

A l'égard des 10 arpens de bois à prendre dans ceux d'une ferme, il y a une possession actuelle, et l'héritier ne peut éluder sa déclaration, sous prétexte qu'il ne sait point encore quels arpens lui seront délivrés. Il doit estimer ses 10 arpens d'après la valeur commune de ceux dont ils font partie. C'est le principe suivi pour les déclarations des successions dont il dépend des biens indivis, et dont la déclaration doit être faite, sans attendre le partage.

A R T. 682.

HYPOTHÈQUES.

Les conservateurs des hypothèques peuvent-ils inscrire des sentences arbitrales qui n'ont pas été rendues exécutoires par le visa du président d'un tribunal civil ?

Ces sentences, a-t-on dit, sont des *actes publics judiciaires*, le *visa* n'est qu'une formalité ; la décision des arbitres ne peut même être attaquée par la voie de l'appel, si les parties ne s'en sont réservé le droit par le compromis : l'inscription ne peut avoir lieu sans ce *visa*.

La solution de cette difficulté ne dépend point d'une opinion plus ou moins spécieuse ; elle doit être puisée dans la législation sur le régime hypothécaire.

La loi du 11 brumaire an 7, article 3, n'autorise l'inscription que pour une créance consentie par *acte notarié*, pour celle résultant d'une *condamnation judiciaire*, pour celle établie

par un acte privé dont la signature aura été
reconnue ou déclarée telle par un jugement ;
enfin, pour celles auxquelles la loi donne le
droit d'hypothèque.

L'expédition du titre doit être représentée
pour l'inscription des créances postérieures à la
publication de cette loi. (Art. 17.)

La radiation de l'inscription ne peut être faite
qu'en vertu de l'expédition de l'acte authentique du consentement, ou celle du *jugement
exécutoire* qui l'aurait ordonné. (Art. 25.)

La loi n'admet donc à l'inscription que les
actes notariés, les *jugemens* et les *hypothèques lé-
gales*. Cela posé, il faut indiquer la nature des
sentences arbitrales et leurs effets.

Ces sentences sont des décisions rendues par
des hommes *sans caractère public* ; ce sont simplement des arbitres qui, dans un compromis,
ont reçu, des parties, le pouvoir de terminer
leurs différends.

La loi du 27 ventose an 8, sur l'organisation
des tribunaux, a conservé aux citoyens le droit
de faire juger leurs contestations par des arbitres de leur choix : leur décision n'est sujette à l'appel, s'il n'est expressément réservé,
ainsi l'on convient que l'arbitrage est maintenu.

Mais ces sentences, pour être *exécutoires*, sont

soumises à des formalités, tracées par la loi du 16 août 1790, sur l'organisation judicia , et qui doit continuer d'être suivie, l'arrêté des consuls du 18 fructidor dernier ordonnant l'exécution des lois et réglemens antérieurs pour l'instruction des affaires au civil.

Or, l'article 6 de cette loi porte : « les sentences arbitrales dont il n'y aura pas d'appel, seront rendues exécutoires par une simple ordonnance du président du tribunal du district (actuellement de première instance) qui sera tenu de la donner au bas ou en marge de l'expédition qui lui sera présentée. »

Donc les sentences arbitrales ne sont exécutoires qu'en vertu de l'ordonnance du président du tribunal rédigée sur l'expédition. Donc elles ne peuvent être inscrites qu'après que cette formalité a été remplie.

Jusques-là, ce ne sont que des actes sous seing-privé qui, n'étant revêtus que de la signature des arbitres, n'ont aucun caractère d'authenticité.

Ces principes ne sont pas nouveaux. Ils existaient sous l'ancienne législation des hypothèques : ils sont consignés dans les livres de jurisprudence.

Ferriere, dans son Dictionnaire de droit, s'explique ainsi, au mot, *sentence arbitrale* ;

« On homologue en justice les sentences arbi-
» trales , 1°. afin que le *jugement de l'arbitre*
» ait l'autorité d'un *jugement judiciaire* ; autre-
» ment il ne l'aurait pas , par la raison qu'il
» n'est point rendu par une personne publique,
» qui ait le pouvoir de décider les différends
» des particuliers ; de sorte qu'il ne pourrait
» pas être mis à exécution, au cas que la partie
» qui est condamnée par un tel jugement , n'y
» voulût pas satisfaire.

» 2°. On homologue ces sentences afin que
» le jugement de l'arbitre emporte *hypothèque*
» sur les biens du condamné ; parce que l'hy-
» pothèque ne peut être constituée que par un
» acte public. »

Il résulte de cette jurisprudence universelle-
ment admise dans les tribunaux , que les sentences arbitrales non-revêtues de l'ordonnance
du président du tribunal civil , ne sont pas
des *actes publics judiciaires* susceptibles de
l'inscription.

D'après les principes et les lois sur cette
matière , l'ordonnance du président est indispensable pour que la sentence arbitrale puisse
être légalement inscrite.

ART. 683.

PATENTES.

Dans quelle classe doit-on ranger les fabricans d'huile de térébentine ?

Ces marchands n'étant pas dénommés dans le tarif, la fixation du droit de leur patente a présenté des difficultés. Quelques receveurs ont exigé le droit sur le pied de la deuxième classe, en assimilant ces fabricans aux distillateurs ; d'autres, sur le pied de la troisième, par assimilation aux fabricans d'eau-de-vie ; d'autres enfin, suivant la quatrième classe, immédiatement supérieure à celle dans laquelle sont compris les marchands de résine.

Ce dernier avis, adopté par un préfet, est le plus conforme au vœu de la disposition de la loi, qui veut que les fabricans soient placés dans la classe immédiatement supérieure aux marchands de mêmes objets. Les marchands de résine sont à la cinquième, ceux qui convertissent les matières résineuses en bray, et qui, dans cette opération, se procurent de l'huile de térébentine, doivent être placés à la quatrième.

(Solution de la régie, du 22 frimaire an 9.)

ART. 684.

AMENDES DE CONSIGNATION.

Une amende consignée pour un pourvoi en cassation qui s'est trouvé tardif, parce que les délais pour l'exercer étaient expirés, doit-elle être restituée ?

Non. Un particulier condamné par un jugement

d'un tribunal civil, veut se pourvoir en cassation, il va consigner la somme de 150 fr., conformément à la loi ; mais le jugement lui ayant été signifié trois jours avant les délais, il n'a pas le tems suffisant pour faire et adresser sa requête en cassation ; en conséquence il retourne au bureau, prouve que le pourvoi en cassation est impossible, et redemande la somme déposée.

Il prétend que n'y ayant point eu de pourvoi, (ce qu'il établit par un certificat du greffier du tribunal) il ne doit point être puni d'une intention demeurée sans effet, il ajoute même que les receveurs devraient refuser de recevoir la consignation, quand il est constant que celui qui la fait ne saurait en profiter.

Rien de moins fondé que toutes ces prétentions. Il est de principe incontestable, que dès que la consignation qui doit précéder la demande en cassation est effectuée, la somme consignée est définitivement acquise au trésor public, à moins que le jugement ne soit cassé.

Les préposés de l'enregistrement ne sont chargés que de recevoir les amendes de cette nature, et il n'est nullement dans leurs fonctions d'examiner si la consignation est ou n'est point tardive.

(Décision du ministre des finances, du 28 frim. an 9.)

A R T. 685.
D O M A I N E S N A T I O N A U X.
R E N T E S C O N V E N A N C I È R E S.

La loi du 21 nivose an 8 sur le rachat des rentes, est-elle applicable aux rentes convenancières ?

Cette prétention s'est élevée, et pour l'appuyer, en

observait que cette loi autorise l'aliénation ou le rachat des rentes sans *distinction* , puisqu'elle porte , article premier : « *Toute rente due à la république* pourra » être rachtée par le débiteur ou aliénée à des tiers , » à raison de quinze fois la rente. »

Mais les redevances convenancières ne sont pas , à proprement parler, des rentes , elles ne peuvent être considérées que comme un véritable prix de bail.

Pour s'en convaincre, il suffit de connaître la nature du bail à convenant ou domaine congéable, ainsi que ses effets.

Ce bail , en usage dans les départemens des Côtes du Nord , du Finistère et du Morbihan , est un contrat mixte , par lequel le propriétaire d'un domaine rural cède pour un nombre d'années déterminé , la jouissance du fonds , moyennant une rente en nature ou en argent, et vend au colon ou domanier , les édifices et superfices , moyennant des deniers d'entrée , que l'on appelle commission.

Par ce bail, le propriétaire conserve la faculté de rentrer dans l'immeuble, et de congédier le colon , en lui remboursant le prix des édifices et superfices , ainsi que les améliorations à dire d'experts.

On appelle cet acte bail à convenant, parce qu'il est uniquement fondé sur les conventions faites entre le bailleur et le preneur , et qui ont été sanctionnées par les usemens locaux.

On le désigne aussi sous le nom de domaine congéable , à raison du droit que le propriétaire a de congédier le preneur ; ce dernier est nommé colon ou domanier , ou convenancier , ou superficiaire, parce qu'il est propriétaire des superfices à faculté de réméré.

Les superfices sont les édifices , murs, fossés , engrais, arbres fruitiers et bois blancs , et toutes les améliorations faites sur l'héritage ; ces objets appartiennent au colon , comme droits convenanciers.

Les chênes, les frênes , les ormeaux appartiennent au propriétaire ; et les droits de ce dernier sont connus sous la dénomination de droit foncier.

Il résulte de ces notions sur la nature du bail à

à convenant, que la rente convenancière n'est qu'un prix de bail; qu'elle ne représente pas la valeur intégrale du fonds, puisqu'indépendamment de cette rente, le colon paie au propriétaire une commission à chaque renouvellement de bail, et que le prix des arbres réservés à ce dernier, excède souvent la rente. Sous ces rapports, la loi du 21 nivose n'est pas applicable aux rentes de cette nature dues à la république comme prix de bail, il n'y aurait pas plus de raison d'en autoriser le rachat, que celui des autres prix de fermes. Or, on sait que les baux doivent recevoir leur parfaite exécution. La rente convenancière n'est donc point rachetable d'après cette loi. Comme inférieure en capital à la valeur *int gra e* du fonds, la république serait énormément lesée, en amortissant pour 15 fois son produit annuel, une rente, estimée au denier 25, par un acte de notoriété du ci-devant parlement de Rennes, du 14 janvier 1741.

Enfin une loi du 9 brumaire an 6, a maintenu les propriétaires fonciers de domaines congéables dans la propriété de *leurs* tenures convenancières, conformément au décret du 7 juin 1791, nonobstant les lois contraires des 27 août 1792 et 2 prairial an 2, qui sont abrogées.

Ainsi les soumissions pour le rachat ou l'aliénation des rentes convenancières, ne sont pas admissibles.

C'est d'après ces principes, que le ministre des finances, a rendu, sur les observations de l'administration des domaines, le 21 frimaire an 9, une décision conçue en ces termes :

» Les rentes convenancières étant d'une nature par-
» ticulière, et ne pouvant être assimilées aux rentes
» foncières ou constituées, la loi du 21 nivose an 8,
» ne leur est pas applicable. En conséquence, les
» soumissions qui pourraient avoir été faites pour le
» rachat ou l'aliénation desdites rentes seront regar-
» dées comme non-avenues. »

A R T. 687.

P A T E N T E S.

RECUEIL DES LOIS, ARRÊTÉS ET DÉCISIONS
RELATIFS AUX PATENTES (1).

L'accueil le plus encourageant a été fait à cet ouvrage ; le ministre des finances, à qui nous avons eu l'honneur de le présenter, nous a répondu, le 23 du courant, en ces termes :

,, Je vous remercie, citoyens, de l'exem-
,, plaire que vous m'avez adressé du *Recueil des*
,, *lois, arrêtés et décisions relatifs aux patentes.*

,, La forme que vous avez donnée à ce re-
,, cueil, m'a paru propre à remplir le seul but
,, que vous vous êtes proposé en le publiant,
,, celui de faciliter l'instruction des fonction-
,, naires publics, et employés chargés de con-
,, courir à l'exécution des lois concernant cette
,, contribution.

,, Cet ouvrage, citoyens, est une nouvelle
,, preuve du zèle qui vous anime, et qui vous
,, porte depuis long-tems à utiliser pour la
,, chose publique, les lumières et l'expérience
,, que vous avez acquises. Je saisis avec plaisir

(1) Cet Ouvrage se vend un franc, pris à Paris, au bureau des Rédacteurs, rue Projetée-Choiseul, n°. 1.

,, cette occasion , pour vous en témoigner
,, toute ma satisfaction. ,,

Je vous salue ,   *Signé* GAUDIN.

Le citoyen *Jollivet , conseiller d'état , commis-*
saire général du gouvernement dans les nouveaux
départemens de la rive gauche du Rhin, par sa lettre
du 17 de ce mois, nous a invités à faire parvenir
36 exempl. de cet ouvrage à chacun des préfets ,
pour être distribués aux sous-préfets , aux employés des contributions et autres fonctionnaires chargés de concourir à l'exécution de la
loi sur les patentes. Il a prévenu les préfets de
cet envoi , par une circulaire , dont il a bien
voulu nous adresser copie , et dans laquelle il
s'exprime ainsi :

,, Cet ouvrage m'ayant paru contenir toutes
,, les instructions sur cette partie , nécessaires à
,, la direction des contributions et aux autorités
,, administratives , j'ai cru devoir le substituer
,, au recueil que je m'étais proposé de publier
,, moi-même. ,,

Il ajoute : ,, Quoique les décisions ministé-
,, rielles et les instructions de la régie , conte-
,, nues dans l'ouvrage précité , ne soient pas in-
,, sérées aux bulletins de mes réglemens , elles
,, n'en devront pas moins servir de guide aux
,, opérations relatives aux patentes , prescrites
,, par les lois du 1er. brumaire an 7 , 21 ventose
,, an

» an 8 , et l'arrêté des consuls, du 15 fructidor
» même année.

» Il m'a même paru superflu d'en faire l'objet
» d'un arrêté , puisqu'elles ne concernent que
» les fonctionnaires de l'ordre administratif,
» obligés , dans tous les cas , de s'y conformer,
» dès que l'exécution leur en est recommandée
» par l'autorité supérieure. Je vous prie donc de
» leur faire connaître mon intention à cet
» égard. »

Cette mesure fera cesser les différens prétextes,
à la faveur desquels on éludait, dans les quatre
nouveaux départemens , l'exécution de la loi et
des arrêtés, tels que le défaut de publication offi-
cielle, etc. et va établir l'uniformité dans la
perception et dans toutes les autres opérations.

Cependant nous avons omis de faire mention des réglemens particuliers qui régissent
ces départemens. Notre ouvrage présente
même quelques inexactitudes. Tout cela n'est
pas échappé au commissaire général. Nous nous
empressons de donner connaissance de ses observations :

Articles particuliers aux quatre nouveaux
départemens.

1°. Nous disons aux mots DROITS DE PA-
TENTE , §. 2 , qu'à défaut de bail , le droit pro-

portionnel doit être réglé d'après la matrice du rôle , ainsi qu'il est prescrit par l'article 5 de la loi du 1er. brumaire an 7.

Mais dans les quatre nouveaux départemens, la contribution foncière des années 6, 7, 8 et 9, n'a pas été établie, comme dans ceux de l'intérieur, d'après le revenu des propriétés, mais d'après leur valeur en capital.

Ainsi, pour ces quatre départemens, il ne faut pas consulter la matrice du rôle, le droit proportionnel doit être perçu sur la valeur locative déclarée par les parties, sauf le recours à l'expertise, dans le cas d'insuffisance. (A rapporter en marge des pages 76 et suivantes.)

2°. Les tableaux de population des communes, d'après lesquels le droit fixe de patente de l'an 9 doit être réglé, sont ceux insérés dans le 2e. tome, 22e. cahier, pages 48 et suivantes du recueil des réglemens, puisque ce sont les seuls authentiques, reconnus *avant le 1er. vendémiaire an 9*, à l'exception des communes de *Sarbruck, Treves, Deux-Ponts et Worms*. (A rapporter en marge de la page 178.)

3°. L'arrêté des consuls, du 24 floréal an 8, souvent cité dans notre recueil sur les patentes, n'a pas été publié dans les quatre nouveaux départemens ; mais ses dispositions sont toutes renfermées dans celui du commissaire général

du gouvernement , du 21 prairial suivant ; ce
n'est dès-lors que d'après les règles tracées par
ce dernier , que les réclamations en matière de
patentes , devront être présentées , examinées
et décidées , sauf les modifications indiquées
par notre recueil, pour raison des réductions ,
descentes de classe , ou des sursis indéfinis à
accorder en cas d'insolvabilité. (A rapporter en
marge de la page 159.)

Articles applicables à tous les départemens.

1°. L'article MAÇONS , page 117 de notre ouvrage, n'a pas paru , et avec raison , au commissaire général, rédigé avec assez de clarté.

Il faut lire : MAÇONS , lorsqu'ils ont des com-
pagnons.   .   .   .   .   . 2e. clas.

S'ils travaillent seuls pour leur
compte. .   .   .   .   .   . 6e.

Enfin , s'ils travaillent pour le
compte de maîtres maçons.   .   . Exempts.

2°. La profession de TAPISSIER a été omise :
elle est comprise dans la troisième classe du
tarif. (A rapporter entre les mots TANNEURS et
TARIF , page 185.)

ART. 688.

ENREGISTREMENT.

MARCHÉS ANNULLÉS PAR LE GOUVERNEMENT QUI LES A PASSÉS.

Doit-on restituer les droits d'enregistre-
ment, perçus sur des marchés passés avec
le gouvernement, lorsqu'ils sont annullés
par sa volonté ?

Voici l'espèce : Des citoyens s'étaient rendus adjudicataires des fournitures destinées à des bataillons auxiliaires d'un département ; le nombre des fournitures était determiné, on avait perçu un droit proportionnel sur le tout.

Ce marché a été réduit d'un quart : les adjudicataires ont réclamé la restitution du droit d'enregistrement, dans la même proportion : on avait pensé que cette réclamation n'était pas fondée à titre de restitution, mais que les réclamans avaient droit à une indemnité. On appuyait cette opinion sur l'article 60 de la loi du 22 frimaire an 7, qui porte : „ Tout droit „ d'enregistrement, perçu régulièrement, ne „ pourra être restitué, quels que soient les évé- „ nemens ultérieurs. „

Le ministre des finances a pensé, au con-

traire , qu'il y avait lieu à la restitution , attendu que l'article précité ne pouvait être applicable aux actes passés entre les agens du
gouvernement et des citoyens , lorsque ces actes
éprouvent des changemens par la seule volonté
de ces agens.

(Décision du ministre , du 8 nivose an 9.)

A R T.   689.

DROITS D'ENREGISTREMENS ET D'HYPOTHÈQUES.

*Les droits de transcription d'un contrat de
vente sur expropriation forcée , sont-ils
restituables , lorsque sur appel du jugement d'adjudication , ce jugement est
annullé ?*

D'après la loi du 11 brumaire an 7 , sur les
expropriations forcées , le saisi n'est réellement exproprié que lorsque le jugement d'adjudication n'est point attaqué par voie d'appel
dans le délai utile, ou qu'il est confirmé sur
l'appel. Jusques-là il n'y a point de transmission ,
et la transcription du contrat ne peut consolider
la propriété de l'adjudicataire. Les droits payés
pour cette formalité comme pour celle de l'enregistrement de la mutation , sont restituables par
le même motif lorsque l'adjudication est an-
nullée , parce que la transcription ne pouvant
profiter sur un acte nul , devient également

nulle ; la restitution ne peut cependant avoir lieu pour le salaire du conservateur : ce salaire est acquis par le seul fait de la transcription , valable ou non.

ART. 690.

PROCÉDURES EN MATIÈRE DE POLICE CORRECTIONNELLE.

Des actes exempts des formalités , de ceux à enregistrer gratis, ou en débet, et de ceux dont le paiement des droits ne peut être différé.

Le nombre premier de l'article 16 de la loi du 13 brumaire an 7 , exempte de la formalité du timbre , les actes de police générale et de vin- dicte publique , ceux des commissaires du gou- vernement qui ne sont pas soumis à l'enregis- trement , et les copies de pièces de procédure criminelle qui doivent être délivrées sans frais.

La loi du 22 frimaire an 7 , comprend , article 70, dans la nomenclature des actes exempts de l'enregistrement les actes , procès-verbaux et jugemens , concernant la police générale et de sûreté et la vindicte publique ; mais elle veut que ceux des huissiers et gendarmes con- cernant les mêmes objets , soient enregistrés *gratis.*

Enfin , suivant le § Ier, du même article, « les » actes pour faits de police et ceux faits à la re- » quête des commissaires du gouvernement près » les tribunaux , doivent être enregistrés en » *débet.* »

L'application de ces dispositions a donné lieu à des erreurs. Quelques receveurs ont considéré les actes de procédure en matière de police correctionnelle, comme de police générale, et par suite, ils ont étendu les exemptions du timbre et de l'enregistrement, à des actes qui n'en étaient pas susceptibles.

La procédure en matière de police correctionnelle s'instruit, ou sur la plainte d'une partie civile, ou à la requête du commissaire du gouvernement.

Dans la première espèce, les droits doivent incontestablement être payés par la partie civile, pour les actes et exploits dans lesquels elle agit directement ; si à défaut de poursuite par la partie civile les actes et exploits sont faits, à la requête, poursuite et diligence du commissaire du gouvernement, celui-ci n'est pas tenu de faire l'avance des droits ; mais les actes doivent toujours être enregistrés, sauf le recours contre la partie civile pour le montant des droits qui sont alors portés en *débet*.

Il en est de même pour l'appel. Il s'interjette de deux manières, par signification, ou par simple déclaration au greffe du tribunal. Dans l'un et l'autre cas, il ne peut être expédié ni reçu sur papier libre. Ces actes rentrent dans la classe de ceux compris dans l'article 7 de la loi du 22 frimaire an 7, qui sont soumis à l'enregistrement sur la minute ; ils ne peuvent donc être reçus que sur papier timbré. Si l'appel est interjetté par la partie civile, elle est tenue d'en acquitter les droits d'enregistrement. Si c'est par le commissaire du gouvernement, l'acte est toujours soumis à la formalité, mais doit être enregistré en *débet*.

Lorsque la répression du délit est suivie à la requête du ministère public, comme suivant la loi du 18 germinal an 7, les frais doivent être recouvrés sur les condamnés ; l'enregistrement de tous les actes de la procédure qui en sont susceptibles, et qui sont faits à la requête du commissaire du gouvernement près le tribunal, doivent être enregistrés en *débet*, ainsi que l'exige le paragr. premier du titre 11.

Ainsi toutes les citations de témoins, les jugemens d'instruction et de continuation de causes doivent être enregistrés, soit aux frais de la partie civile, soit en *débet*.

Si pour la vindicte publique ou lorsque la partie civile est désintéressée, le commissaire du gouvernement réclame des copies de pièces ou jugemens, elles peuvent lui être délivrées sur papier libre et ne sont pas alors susceptibles de l'enregistrement ; mais toutes les citations, assignations, significations et expéditions de jugemens doivent être enregistrées en *débet*, et le recours des droits doit être suivi sur la partie condamnée.

ART. 691.

TIMBRE.

REGISTRES DE L'ÉTAT CIVIL.

Les registres d'une année peuvent-ils servir pour la suivante, lorsqu'ils n'ont pas été totalement remplis ?

Non.

La loi du 20 septembre 1792 veut que les registres de l'état civil soient tenus par année et doubles ; que l'un de ces doubles soit envoyé dans les 15 premiers jours de l'année suivante, au directoire du district, représenté aujourd'hui par les préfets et sous-préfets, et que l'autre soit déposé et conservé aux archives des municipalités. Il est essentiel de tenir la main à l'exécution de cette loi, et d'empêcher la confusion de plusieurs années dans les mêmes registres.

(Décision du ministre des finances, du 28 brumaire an 9.)

ART. 692.

DOMAINES NATIONAUX.

PARTAGE AVEC LES ASCENDANS D'ÉMIGRÉS.

Un ascendant d'émigré qui a ouvert partage à la République, en exécution de la loi du 9 floréal an 3, rentre-t-il de droit dans les objets invendus de la portion des biens dont il a été dessaisi, lorsque l'émigré obtient sa radiation ?

On pourrait dire :

1°. En ouvrant partage avec la république, un ascendant d'émigré a cédé la portion de biens qui pouvait revenir à son fils après lui, cette cession est consommée ; et soit que la portion de biens soit vendue, soit qu'elle reste dans la main de la nation, il n'y a plus à revenir sur cet acte.

2°. Le partage exigé par la loi du 9 floréal an 3, n'est qu'un moyen fourni aux ascendans d'émigrés de racheter la taxe de guerre à laquelle ils avaient été assujétis par les lois des 27 septembre 1792 et 28 mars 1793, et ils n'ont pas plus le droit de réclamer la portion de biens abandonnée par le partage, et non encore vendue, qu'ils n'auraient le droit d'exiger la restitution du montant de la taxe qu'ils auraient payée, pour raison de l'absence de leurs enfans.

3°. Ces enfans, par leur absence, ont privé la république des ressources qu'elle avait droit d'attendre de leur force et de leur jeunesse, dans un tems où elle était environnée de dangers, et où tous les citoyens volaient à sa défense ; leurs ascendans devaient à la république une indemnité pour les frais de la guerre, par le fait seul de leur absence ; cette indemnité a été payée par le partage ouvert avec la république, il ne peut y avoir lieu à aucune restitution.

À ces moyens, la justice en oppose de plus forts.

En effet, 1°. peut-on dire avec vérité que les ascendans d'émigrés ont fait l'abandon volontaire de la portion de biens qui revient à leurs enfans après leur mort, n'est-ce point pour s'affranchir du séquestre établi sur tous leurs biens, qu'ils ont été forcés d'ouvrir partage avec la république ? N'est-ce pas une confiscation réelle que a nation a faite d'une succession anticipée ? Cette confiscation a eu pour cause l'émigration présumée des enfans; la cause cesse, puisqu'il est reconnu par la radiation définitive qu'ils n'ont point émigré ; l'effet doit donc aussi cesser, et les biens qui restent encore dans la main de la nation doivent être restitués.

2°. Suivant la loi, on doit remettre aux émigrés dont la radiation est prononcée, ceux de leurs biens qui ne sont pas vendus, à plus forte raison cette restitution doit avoir lieu à l'égard des ascendans d'émigrés qui ont été forcés de se dépouiller de leur vivant, pour un fait qui se trouve détruit par la radiation définitive de leurs enfans.

3°. La loi n'entend pas sans doute que le père d'un républicole soit traité de la même manière que celui d'un émigré reconnu : cependant, l'un et l'autre éprouveraient la même peine, si le père d'un prévenu d'émigration, rayé définitivement, ne pouvait pas rentrer dans la portion de biens non vendue qu'il a été forcé d'abandonner.

D'après tous ces motifs, nous croyons que dans le cas dont il s'agit, un ascendant d'émigré rentre de droit dans la portion non vendue des biens qu'il a été forcé d'abandonner à la république, en exécution de la loi du 9 floréal an 3.

A R T. 693.

R A C H A T S D E R E N T E S.

Peut-on encore être admis à racheter les rentes nationales, au taux fixé par la loi du 21 nivose an 8 ?

Non. Le ministre l'a décidé en ces termes :
« Les délais fixés pour le rachat des rentes dues à

» la république par la loi du 21 nivôse an 8 ; étant
» expirés, la demande tendante au rachat de ces sortes
» de rentes n'est plus admissible ».

A R T. 694.

COTES NATIONALES.

*Le rappel à l'égalité proportionnelle doit-il être
demandé dans tous les cas où il y a lieu à dégrèvement ?*

La loi du 2 messidor an 7 , dit-on , abroge (article 236) toutes lois et dispositions de lois antérieures
concernant les demandes en réduction de cote ou de
contingent de contribution foncière. La loi du 3 frimaire an 7 est donc rapportée.

Or , l'article 96 , titre 6 , chapitre premier de cette
même loi, veut qu'il y ait lieu au rappel à l'égalité
proportionnelle en cas de surtaxe ; conséquemment ,
les règles établies par la loi du 3 frimaire an 7 sont
changées , et toutes les fois que les biens nationaux
sont cotisés sur la même base des autres propriétés ,
on ne peut obtenir de décharge qu'en prouvant qu'il
y a inégalité dans l'évaluation des revenus imposables
par comparaison avec des revenus de biens de même
nature et produit.

Cette opinion est erronée ; elle résulte d'une fausse
interprétation de l'article 96 de la loi du 2 messidor
an 7. Pour le démontrer d'une manière évidente , il
suffit de rapprocher les dispositions de cette loi.

L'article 3 porte textuellement : « Tout contribuable
» dont la cote de contribution foncière se trouve portée
» au-dessus de la *proportion générale déterminée par*
» *la loi* (1) entre cette contribution et les revenus ter-
» ritoriaux , a droit à une réduction ».

_____

(1) La proportion au-dessus de laquelle la cote ne peut
s'élever, est pour les années 5 et 6 , d'un quart ; et pour

L'article 4 s'exprime ainsi : « Tout contribuable sur-
» taxé, *comparativement* aux autres contribuables,
» a droit de demander le rappel à l'égalité proportion-
» nelle ».

La lecture de ces deux articles suffit pour démontrer que le premier est relatif aux cotes qui excèdent
les proportions déterminées par la loi ; et le second,
aux inégalités entre les contribuables, c'est-à-dire,
que s'il y a différence d'évaluation entre les biens
de même nature et produit, le rappel à l'égalité proportionnelle peut être demandé, quoique la quotité
de l'imposition soit inférieure à la proportion déterminée. Ce n'est qu'à ce dernier cas que peut s'appliquer l'article 96 de la loi du 2 messidor, ainsi conçu :
« S'il y a *inégalité dans l'évaluation des revenus im-*
» *posables, etc.*, le contribuable qui sera lésé par cette
» inégalité pourra demander le rappel à l'égalité pro-
» portionnelle. »

Concluons donc que toutes les fois que l'évaluation
sur laquelle la contribution est assise n'est point contestée, la république comme les particuliers, peuvent
demander que leur cote soit réduite au cinquième, ou
autre proportion que la loi a établie, ainsi que l'autorise l'article 3 de cette même loi.

L'article 236 de cette loi n'abroge pas, comme on
l'a pensé, toutes les lois antérieures ; cet article n'a
pour objet que les dispositions de lois sur le mode
de dégrèvemens ; mais il ne change rien aux lois ou
dispositions de lois qui concernent la *quotité*, l'*assiète*
et la repartition de l'impôt, ce qui est tout-à-fait
différent.

Par conséquent, la loi du 3 frimaire an 7 subsiste
en tout ce qui n'est pas relatif aux formes à suivre
pour les dégrèvemens. L'article 107 veut que les propriétés nationales soient évaluées et cotisées comme
les propriétés particulières de même nature et d'égal
revenu.

---

l'an 7, d'un cinquième du revenu imposable. Loi du 4 messidor an 7.

Pour les ans 8 et 9, du cinquième. Lois des 11 frimaire
et 25 ventose an 8.

L'article 107 établit que les domaines nationaux pro-
ductifs, (exceptés de l'aliénation) tels que les forêts ,
les salines , canaux , etc. , ne pourront être cotisés
au-dessus du cinquième de leur produit net effectif ,
résultant des *adjudications ou locations légalement
faites*, ou autre quotité de ce même produit , selon
la proportion générale de la contribution foncière avec
les revenus territoriaux.

L'article 3 de la loi du 2 messidor an 7, veut que la
contribution ne puisse s'élever au-dessus des proportions déterminées.

Il paraît donc démontré, ainsi que nous l'avons déjà
observé , que lorsque la demande en dégrèvement n'a
pour objet que de faire réduire la cote au cinquième
(ou autre proportion) du revenu , justifié *par baux
ou adjudications*, la modération ne peut souffrir de difficulté.

Que le rappel à l'égalité proportionnelle ne peut être
invoqué par les receveurs des domaines (d'après l'autorisation du directeur) que dans le cas où l'évaluation
du revenu net imposable des biens nationaux n'aurait
point été estimé dans la même proportion que celui
des biens patrimoniaux.

ART. 695.

ENREGISTREMENT.

PRESTATION DE SERMENT.

*Les actes de prestation de serment des
juges , sont-ils soumis à l'enregistrement ?*

Non. La loi du 26 août 1791 porte , qu'il
ne pourra être exigé des personnes appelées
à remplir des fonctions publiques , aucunes
sommes , sous quelque domination et sous

quelque prétexte que ce soit, pour les actes de prestation de serment, pour les prestations de serment dont elles seraient tenues, ou à leur occasion.

L'article 13 de la loi du 19 décembre 1790, s'exprime ainsi : « tous les procès-verbaux, dé-
» libérations et autres actes faits et ordonnés
» par les corps municipaux et administratifs
» qui seront passés à leur greffe et secrétariat,
» et qui tendraient immédiatement à l'exercice
» de l'administration intérieure et police, se-
» ront exempts de la formalité et des droits
» d'enregistrement. »

A l'époque de ces lois, le serment des juges était reçu par le conseil de la commune, qui prêtait également le sien entre leurs mains à la même séance. Le procès-verbal de cette séance a toujours été regardé, sous le régime de la loi du 19 décembre 1790, comme non sujet à l'enregistrement.

La loi du 22 frimaire an 7 dénomme comme sujettes à l'enregistrement les prestations de serment des greffiers et huissiers, des juges-de-paix, des gardes des douanes, gardes fores-tiers et gardes champêtres, et celles des no-taires, greffiers et huissiers des tribunaux civils, criminels, correctionnels et de commerce, et de tous employés salariés par la république.

Mais dans aucun endroit, la loi ne parle de la prestation de serment des juges, et on ne peut pas prétendre que ce soit ici une omission, ou un oubli de la part du législateur, puisqu'il désigne tous les tribunaux et rappelle les officiers ministériels qui y sont assujettis. Il est évident qu'il a considéré le serment des juges comme un acte de police intérieure et d'administration publique, dont il était inutile de faire un article particulier, puisque le numéro premier du paragraphe 3 de l'article 70, comprend les actes d'administration publique au nombre de ceux exempts de la formalité de l'enregistrement.

D'ailleurs, les juges ne sont pas des employés proprement dits, ce sont des magistrats dont le traitement est plutôt une indemnité qu'un salaire. Leur prestation de serment ne fait pas un titre pour eux, on ne peut pas en exiger la représentation comme celle des officiers publics et ministériels, dénommés dans la loi du 22 frimaire an 7.

Il est donc certain que les prestations de serment des juges sont exemptes de l'enregistrement.

ART. 696

ART. 696.

BILLETS A ORDRE.

Comment doit-on liquider les droits d'un billet à ordre présenté à l'enregistrement après l'expiration du délai utile pour le protet ?

A défaut de protet dans le délai de l'ordonnance, le porteur d'un effet négociable perd son recours contre les endosseurs. Son titre n'est plus obligatoire que vis-à-vis du tireur, il cesse d'être effet négociable. Fondés sur ces motifs, quelques-uns pensaient que perdant le caractère de billet à ordre, le billet devait être considéré pour la perception, comme obligation passible du droit d'un pour cent.

Ce raisonnement n'est pas exact. L'effet d'un billet à ordre peut bien être changé par le défaut de protet en tems utile. Mais la forme et la nature de l'acte restent les mêmes. Le souscripteur d'un effet ne peut être puni d'une faute qui lui est étrangère, puisqu'il n'a pas dépendu de lui que l'effet ne fût enregistré dans son délai.

Le billet n'est donc, dans l'espèce, passible que du droit de 5o pour cent.

Troisième année.

9

A R T. 697.

CONTRAT DE MARIAGE.

La stipulation de non-communauté, et la condition que le futur fournira à tous les frais de ménage, moyennant une pension annuelle et alimentaire, donne-t-elle ouverture au droit proportionnel ?

L'on a, pour l'affirmative, soutenu que la stipulation d'une pension alimentaire ne dérivant pas nécessairement du contrat, était, aux termes de l'article 11 de la loi du 22 frimaire an 7, soumise à un droit particulier.

Des motifs plus puissans fondent la négative.

En effet, toutes les clauses et stipulations relatives à la communauté ou à l'exclusion de communauté, et les déclarations des biens que les futurs apportent en mariage et se constituent, en réglant leurs droits presens et futurs, forment le pacte de famille, et le contrat de mariage proprement dit, que l'article 68, paragraphe 3, n°. 1er. de la loi précitée assujettit au droit fixe de 3 francs.

Dans le cas de la séparation des biens stipulés par le contrat, il y a nécessairement lieu d'ajouter que la femme payera une pension fixe à son mari, ou que la dépense sera faite en commun, ou, qu'attendu les soins que la femme doit donner au ménage, elle sera nourrie gratuitement ; cela dépend de la volonté des parties. Mais ces stipulations dérivent nécessairement de l'exclusion de communauté, et cette exclusion formant elle-même une partie intégrante du contrat, il en résulte qu'il n'est pas dû de droit particulier.

ART. 698.

CONTRAT DE MARIAGE.

Contrat de mariage, par lequel la future se constitue la somme de 3,000 francs, qu'elle déclare provenir de dons qui lui ont été faits par des parens et amis non présens.

On avait prétendu assujettir cet apport à la perception du droit de 1 franc 25 centimes par 100, parce que, disait-on, il tirait son origine de la libéralité des parens et amis de la future, et qu'il suffisait, pour exiger le droit, d'avoir la certitude que sans cette libéralité, la future ne se serait pas constituée cet apport ; mais ce motif a été réfuté par un raisonnement plus juste ; il n'y a point de donation sans donateur : dans l'espèce, la main qui a donné est restée ignorée ; rien ne prouve, d'ailleurs, que la libéralité ait été faite lors du contrat. Tout indique, au contraire, que la future avait reçu ces dons, antérieurement, et des dons mobiliers et manuels n'opèrent pas de droit d'enregistrement.

D'après ces motifs, on a pensé (et nous partageons cette opinion) que cet apport ne donne pas ouverture à un droit d'enregistrement particulier.

A R T. 699.

CONTRAT DE MARIAGE.

Le futur se constitue une somme de 6000 f., qu'il déclare lui avoir été donnée, en avancement d'hoirie, par ses père et mère présens à l'acte. Cette constitution est-elle sujette au droit proportionnel, et dans le cas de l'affirmative quelle en est la quotité ?

La déclaration faite en présence des père et mère qui signent le contrat, établit évidemment une donation soumise au rapport ; dès-lors elle est, sans difficulté, sujette au droit proportionnel La manière la plus favorable d'envisager cette donation serait de la considérer comme faite par contrat de mariage, attendu le défaut d'acte antérieur qui la constate, et de réduire la perception à la moitié de la quotité du droit fixé par le §. 4 de l'article 69 de la loi du 22 frimaire an 7. Nous estimons que cette base doit être adoptée.

ART. 700.

ACTES JUCICIAIRES.

Un jugement de condamnation contient plusieurs dispositions distinctes et indé- pendantes, susceptibles les unes du droit fixe, les autres du droit proportionnel ; doit-on percevoir autant de droits ?

En faveur de la négative on a dit, les diffé- rens chefs contenus dans un jugement, ne sauraient être considérés comme des clauses distinctes, stipulées dans un acte civil qui ré- sultent toujours des conventions des parties, et que la loi assujettit à un droit particulier, lorsqu'elles ne dérivent pas nécessairement les unes des autres. La loi du 22 frimaire an 7 n'a entendu assujettir les expéditions des jugemens qu'à un seul droit ; voici comme elle s'explique paragr. 3, article 68, n°. 7, « et gééerale- » ment tous jugemens..... contenant des dis- » positions définitives ou qui ne peuvent don- » ner lieu au droit proportionnel, ou dont

,, le droit principal ne s'élèverait pas à trois
,, francs. ,,

Pour détruire ce raisonnement, il suffit de
rapporter les dispositions de l'article 11 de la
loi. Il porte, « lorsque dans un acte quel-
,, conque, soit civil, soit judiciaire ou extra-
,, judiciaire, il y a plusieurs dispositions in-
,, dépendantes ou ne dérivant pas nécessaire-
,, ment les unes des autres, il est dû pour
,, chacune d'elles, et selon son espèce, un
,, droit particulier.

Il doit donc être perçu autant de droits
que les jugemens contiennent de dispositions
distinctes et indépendantes.

A R T. 701.

NOMINATION D'AVOUÉ DANS UN EXPLOIT.

*On a demandé si un exploit contenant
nomination d'un avoué est passible d'un
droit particulier d'enregistrement pour
cette nomination ?*

La négative ne paraît pas douteuse, lorsque
l'on considère que la procédure s'instruit aujourd'hui dans les tribunaux, d'après le vœu
de l'ordonnance du mois d'avril 1667, lorsqu'on voit que les avoués créés par la loi du
mois de ventose an 8, sont ce qu'étaient les

procureurs dans l'ancien régime; et qu'ainsi la nomination de l'avoué n'est qu'une simple indication , faite pour l'ordre de la procédure , et qui fait corps avec l'exploit.

ART. 702.

PRESCRIPTION.

La prescription pour des droits perçus depuis la loi du 22 frimaire an 7 , d'après les lois précédentes , est-elle acquise après un an , en conformité des lois anciennes , ou seulement après deux ans , terme fixé par l'article 61 de la dernière loi ?

L'article 73 porte , « Toutes les lois ren-
» dues sur *les droits* d'enregistrement et toutes
» dispositions d'autres lois y relatives , sont et
» demeurent abrogées pour l'avenir , » elles continueront d'être exécutées à l'égard des actes faits et des mutations effectuées par décès avant sa publication. Cette disposition ne s'applique évidemment qu'au mode de perception , et n'a aucun rapport au délai de la prescription. La prescription ne court que du jour de l'enregistrement des actes , elle ne peut être réglée que par la loi existante à cette date , quelque soit le mode de la perception. La prescription

n'est donc acquise qu'après les délais fixés par
l'article 61 de la loi du 22 frimaire an 7 , pour
tous les actes soumis à la formalité depuis sa
publication.

A R T. 703.

PARTAGE DE SUCCESSIONS INDIVISES AVEC LA
RÉPUBLIQUE.

Un père , décédé depuis le 14 juillet
1789 , a laissé trois enfans, dont l'un est émigré. Les enfans républicoles ont , en exécution
de l'effet rétroactif que portait la loi du 17
nivose an 2 , partagé la succession avec la
république , représentant l'émigré.

Mais la loi du 9 fructidor an 3 , ayant révoqué cet effet rétroactif, les filles sont déchues
de leurs lots , d'après la coutume de la ci-
devant Normandie , et la nation avec le frère
républicole , sont rentrés dans la possession de
l'hérédité, sauf le droit des sœurs.

Les filles du défunt avaient , en cet état ,
selon l'article 169 de la coutume, droit au tiers
de la succession, qu'il leur était libre de prendre
en biens héréditaires sur la part à elles échues
lors du partage, d'après les articles 8 de la loi

du 3 vendémiaire an 4, et 14 de celle du 18 pluviose an 5.

Un jugement a prononcé leur envoi en possession de biens de la succession, à concurrence du tiers de ces biens.

De quels droits ce jugement est-il passible ?

Pour soutenir que le droit proportionnel est exigible, on observe que la loi du 9 fructidor an 3 a rétabli les choses dans l'état où elles étaient avant la loi du 17 nivose an 2 ; que conséquemment la delivrance qui est faite aux filles du tiers de la succession, a l'effet d'une dation en paiement de créance et opère une véritable mutation.

Cette opinion n'est pas fondée. Les filles, comme légitimaires, ont un droit réel sur les biens de la succession, elles peuvent exiger des immeubles pour les remplir de leur portion, ainsi que la loi du 18 pluviose an 5 les y autorise ; conséquemment le jugement qui leur assigne des biens à concurrence du montant de leurs droits, n'est qu'attributif et ne peut donner ouverture qu'au droit fixe.

Voyez, au surplus, ce que nous avons dit sur une question de même nature. (Art. 549.)

ART. 704.

TIMBRE.

BILLETS DE CAISSE OU AU PORTEUR.

Peut-on exempter de la formalité du timbre des billets au porteur dans les coupures de 20 francs, et émis ou à émettre par un particulier, à l'effet de retirer de la circulation, de la monnaie de cuivre ?

Le ministre des finances a répondu en ces termes, le 18 de ce mois, à cette demande :

« Je vous observe que l'article 14, titre 2 » de la loi du 13 brumaire an 7, assujettis- » sant au droit du timbre en raison des sommes » et valeurs, les billets à ordre ou au porteur, » les mandemens et tous effets négociables ou » de commerce, et les billets dont il s'agit, » étant des effets de commerce, ils ne peu- » vent, *tant que cette loi subsistera, être faits* » *que sur du papier marqué du timbre propor-* » *tionnel.*

» C'est en conformité de ce principe que la » demande de plusieurs fabricans qui, ayant » formé un établissement pour procurer au

,, commerce les avances en numéraire dont il
,, pouvait avoir besoin, sollicitaient l'exemption
,, du droit du timbre pour les billets ou cou-
,, pons de 5, 6, 8 et 9 francs qu'ils offraient
,, de mettre en circulation, a été rejettée par
,, décision du 26 prairial an 7. ,,

A R T. 705.

AMENDES DE CONDAMNATION.

Les conseils de préfectures peuvent-ils con-
naître des demandes en décharge, et
ordonner le sursis du recouvrement ?

Non, il n'est pas de la compétence des
conseils de préfecture de décider administrativement sur les condamnations prononcées par
les tribunaux, quelqu'en soit l'objet : ils ne
peuvent pas non plus ordonner le sursis du
recouvrement des condamnations.

Le ministre des finances a imprimé, le 18
nivose an 9, un arrêté, qu'un conseil de préfecture avait cru pouvoir prendre pour surseoir
à toute poursuite, en attendant la décision sur
le référé qui lui avait été fait d'une réclamation
de l'espèce.

ART. 706.

RENTES.

Les rentes appartenantes à la république , dont
les debiteurs se trouvent en même-tems ses
créanciers personnels , peuvent-elles être cédées
ou transportées par le gouvernement ?

On oppose que des lois autorisant , dans ce cas,
la compensation , il semble en résulter que ces rentes
ne sont point cessibles , puisque si l'Etat en dispo-
sait , la faculté de compenser serait illusoire pour ces
créanciers-débiteurs.

Cette difficulté se résout , en admettant la distinction suivante.

Si ces créanciers , avant que l'acte de cession ait été
passé , ont manifesté leur intention formelle de compenser , soit par une petition , soit au moins par la
notification du certificat du liquidateur entre les mains
duquel les titres de créances personnelles ont été déposés , ils peuvent jouir du bénéfice des lois des 24
août 1793 et 24 frimaire au 6 , et dès-lors la rente
ne doit point être cédée.

Dans le cas contraire , le gouvernement peut , incontestablement , aliéner ces rentes.

(Décision du ministre des finances, du premier
nivose au 9.)

ART. 707.

DOMAINES NATIONAUX.

RENTES CRÉÉES POUR PRIX DE DOMAIN. ENGAGÉS.

*Les rentes de cette nature peuvent-elles être com-
pensées avant que l'engagiste soit devenu propriétaire absolu ?*

Nous ne le pensons pas. Pour compenser une rente
dûe au domaine avec une créance sur l'Etat, il faut,
aux termes des lois des 24 août 1793 et 24 frimaire
an 6, prouver qu'on est débiteur et créancier direct.
Or, les concessionnaires de fonds à titre d'engagement, ne sont reconnus propriétaires définitifs, qu'a-
près qu'ils ont rempli le vœu de la loi du 14 ventose
an 7, ou justifié qu'ils sont compris dans les exceptions
qu'elle prononce. Jusques-là, ils ne peuvent compenser la rente, parce que dans le cas ou à défaut de
paiement du quart de la valeur des biens connus,
l'engagiste vient à être dépossédé, il en résulterait
qu'il ne devrait plus la rente, et si on l'avait admis à
la compenser, il aurait droit de réclamer son remboursement en numéraire. Cependant, si quelque demande de cette nature était présentée, nous croyons
que les receveurs ne doivent pas les écarter, mais les
accompagner de leurs observations, et laisser à l'autorité à prononcer sur les inconvéniens que paraît présenter dans ce cas, la compensation.

ART. 708.

ENREGISTREMENT.

SAISIE.

Une saisie-arrêt entre les mains d'une seule personne , à la requête d'un créancier , contre plusieurs débiteurs non-solidaires , donne-t-elle ouverture à autant de droits qu'il y a de débiteurs dénommés , quoique la saisie-arrêt ne leur soit pas notifiée ?

Cette question n'est pas susceptible de difficulté. L'article 68 , paragraphe premier, nombre 3o du tarif, porte qu'il sera perçu, sur chaque exploit et signification , *un droit pour chaque demandeur ou défendeur.* Dans l'espèce , il n'y a qu'un demandeur , et la signification n'est faite qu'au tiers saisi ; dès-lors, on ne doit percevoir qu'un seul droit. Peu importe que les sommes que le demandeur fait arrêter soient dues à plusieurs de ses débiteurs ; ce n'est que lorsque la saisie-arrêt leur sera notifiée, qu'il sera exigé un droit pour chacun d'eux.

ART. 709.

BILLET A ORDRE , DÉPÔT, NOVATION.

Un dépôt , devant notaire , d'un billet à ordre enregistré , contient reconnais-

sance de la créance par le débiteur , et obligation de la payer dans des délais convenus. Quel est le droit d'enregistrement à percevoir ?

D'un côté, l'on a prétendu que l'obligation portée par le billet à ordre ayant été changée en une autre devant notaire, il y avait novation dans le titre, et qu'il était dû pour l'obligation nouvelle constituée à la place de l'ancienne, le droit d'un pour cent.

D'un autre côté l'on a dit : les obligations devant notaires sont, par le nombre 3 du paragraphe 3 de l'article 69 de la loi du 22 frimaire an 7, tarifiées à raison d'un franc par 100 francs ; mais comme il ne s'agit dans cette obligation que de la même somme exprimée dans le billet à ordre qui a déjà acquitté le droit de 50 centimes par 100 francs , il ne doit être perçu qu'un supplément de 50 centimes par 100 francs,

Nous n'adoptons ni l'une ni l'autre de ces opinions.

Tous actes qui , soumis à la formalité, ont acquitté les droits dont ils étaient passibles, peuvent être déposés et produits, sans donner lieu à de nouveaux droits. L'intervention du débiteur qui reconnaît la dette et s'oblige de la payer, ne peut être considérée que comme une reconnaissance d'écriture qui, autrefois, emportait hypothèque, et les reconnaissances d'écritures par acte civil, ne sont soumises, par la loi, qu'au droit fixe d'un franc.

Les novations ne donnent lieu au droit proportionnel que quand elles s'opèrent par le changement, soit du débiteur, soit du créancier, ou lorsqu'une obligation est changée en un contrat de constitution ; mais la simple novation du titre, c'est-à-dire, les changemens d'une obligation en une autre, n'ajoutant rien à l'obligation déjà constituée, n'est passible que du droit fixe.

A R T. 710.

QUITTANCE.

Quittance de la somme de 1,000 francs par A, en faveur de B, payant en l'acquit et décharge de C.

B déclare que dans cette somme, celle de 500 francs provient de deniers à lui remis par C, et 500 francs de ses deniers personnels. Quels droits sont à percevoir sur cet acte ?

Les uns ont prétendu que n'y ayant qu'une seule disposition qui est la quittance, dont la
subrogation

subrogation du nouveau créancier à concurrence de 5oo francs est une suite nécessaire ,
on ne peut exiger qu'un seul droit d'un demi
pour 1oo sur 1,ooo francs , comme acte de
libération.

D'autres ont observé que B en libérant C
des 1,ooo francs qu'il devait à A , est devenu
son créancier à concurrence de la somme qu'il
a avancée pour lui ; qu'il est jusqu'à cette même
concurrence substitué aux droits du créancier
originaire ; qu'il a une action à exercer contre
C , action qui ne pourrait lui être contestée
devant les tribunaux ; et qu'enfin tout an-
nonce qu'il a voulu ici faire un placement de
fonds. D'où l'on a conclu qu'il est dû un
deuxième droit d'enregistrement d'un pour 1oo
sur 5oo francs , comme obligation.

On objectera , avec raison , qu'on ne peut
pas supposer une obligation , lorsque le débiteur n'est pas présent.

Nous penchons pour une troisième opinion ,
qui est de considérer l'acte d'après ses effets. Il
opère incontestablement la libération de C pour
la moitié qui est payée de ses deniers de la
créance de 1,ooo francs ; et transport de l'autre
moitié à B , au moyen du paiement qu'il fait
en son propre nom de cette moitié. Le transport
ou subrogation n'a pas besoin d'être stipulé , il

est de droit. En résultat, C est libéré de 500 francs. La perception exigible d'un pour 100 doit être établie sur cette somme. La créance pour les 500 francs restans passe à B. Il y a donc un transport de cet objet, qui opère un deuxième droit d'un pour 100, suivant le nombre 3 du paragraphe 3 de l'article 69 du tarif.

A R T. 711.

DROITS DE SUCCESSION.

Déclarations de biens qui par l'évènement d'un procès ne sont échus aux héritiers que postérieurement au décès du testateur ?

Un particulier décédé en l'an 3, a vendu un domaine quelque-tems avant son décès. A l'ouverture de sa succession, ses neveux, qui sont héritiers, ont poursuivi la cassation de l'acte de vente, pour nullité radicale. Un jugement de première instance l'a prononcée ; il y a eu appel, sur lequel le premier jugement a été confirmé, puis recours au tribunal de cassation, qui a rejetté la demande. En vertu des trois jugemens, les héritiers se sont mis en possession en frimaire an 8 ; ils ont fait, dans les 6 mois de leur entrée en possession, la déclaration de cette partie de la succession, et ont prétendu que leur droit à l'immeuble étant ouvert dès l'an 3 , et sous l'empire de la loi du 19 décembre 1790 , c'était d'après les quotités fixées par le tarif annexé à cette loi , que devaient être réglés les droits. Le receveur a , de son côté , demandé ceux fixés par la loi du 22 frimaire an 7 , se fondant sur ce que l'entrée en possession avait eu lieu depuis la promulgation de cette loi.

Le droit d'enregistrement, suivant la disposition de l'article 73 du tarif , doit être réglé d'après la loi qui était en vigueur à l'époque de l'ouverture du droit. Quelle est cette époque ? Ce n'est point celle du décès , puisqu'il n'était rien dû alors ; les héritiers n'ayant recueilli qu'un droit éventuel , une simple action à exercer. Ce n'est pas non plus celle de la prise de possession , puisque cet acte n'est ni translatif ni attributif , mais de simple formalité. C'est incontestablement l'époque du dernier jugement rendu , qui a fait cesser la possession de l'acquéreur et a opéré la transmission aux héritiers. Dès-lors le droit d'enregistrement a été ouvert , le délai pour la déclaration a commencé à courir , et la liquidation doit être faite d'après la loi lors en vigueur.

A R T. 712.

VENTE A RÉMÉRÉ.

Un particulier a vendu à réméré sa pro-
priété moyennant 1,000 fr. ; il vend à un
autre la faculté d'exercer le réméré
moyennant 500 fr. On demande comment
on doit liquider les droits d'enregistre-
ment de cette seconde vente ?

La cession du droit de réméré réservé par
un contrat de vente, autorise celui à qui elle
est faite à rentrer dans le bien aliéné, sous la
condition de restituer la somme payée par
l'acquéreur. On pourrait en conclure que c'est
un droit réel, dont la cession donne ouverture
à la perception de 4 pour 100 sur la somme
qui en est le prix, mais que cette perception
doit avoir lieu seulement lors du réméré, vu que
la transmission s'effectue, sauf à n'exiger que le
droit fixe d'un franc pour l'enregistrement de la
cession du droit de réméré.

Nous avons établi au contraire (article 513
de ces Instructions) que la cession de la faculté
de réméré, n'est point la transmission d'une
partie du fond et ne donne que *jus ad rem*,
qu'elle ne peut opérer que le droit de 2 pour
100, et que lors de l'exercice du réméré, le

droit de 4 pour 100 ne sera dû que sur le montant des sommes remboursées au premier acquéreur.

ART. 713.

MUTATIONS PAR DÉCÈS.

Un héritier a vendu le bien dont il a hérité, avant d'en avoir acquitté le droit de succession, il est décédé depuis insolvable. L'acquéreur a fait transcrire son contrat d'acquisition, et prétend qu'à ce moyen il ne peut être tenu d'acquitter le droit d'enregistrement, dû par son vendeur ?

La prétention du nouvel acquéreur est fondée, si on a formé la demande du droit sur le prix du bien, sans avoir obtenu un jugement qui en ordonne le paiement, et avoir fait une inscription en tems utile, c'est-à-dire, antérieurement à la transcription.

Mais si la demande du droit a été formée sur les revenus du bien contre l'héritier ou ses ayant droit, elle a pour base la disposition précise de l'article 32 de la loi du 22 frimaire an 7 ; et le détenteur ne peut opposer la fin de non-recevoir.

En effet, l'article 32 de cette loi porte, « que le trésor public aura action sur le re-

,, venu des biens à déclarer , *en quelques mains*
,, *qu'ils se trouvent.* ,,

Cette disposition est une espèce d'hypothèque légale sur les revenus , qui est indépendante de la purgation des hypothèques ,
par la transcription des contrats d'acquisition
en conformité de la loi du 11 brumaire an 7.

L'acquéreur ne peut donc , malgré la transcription de son contrat, se dispenser d'acquitter ,
sur le revenu du bien , et sauf son recours tel
que de droit , la somme due par son vendeur
pour la mutation par décès , qui a eu lieu à
son profit.

A R T. 714.

MUTATIONS D'IMMEUBLES PAR ÉCHANGE SOUS SIGNATURE-PRIVÉE.

*Deux particuliers font , en l'an 5 , par
acte sous seing-privé , un échange d'immeubles ; l'un des deux vend les biens
échus à son lot. Cette vente donne lieu
à une instance qui fait connaître l'é-
change sous seing-privé.*

*Par qui doivent-être acquittés les droits
d'enregistrement ?*

*Peuvent-ils être réglés sur un bail rappelé
dans l'échange ?*

Telles sont les questions qui ont été soumises au ministre des finances , et sur lesquelles il a été statué judiciairement après décision préalable.

L'une des parties contractantes à qui la demande du droit résultant de l'échange a été formée, a prétendu que n'ayant pas donné lieu à l'instance qui a fait connaître l'échange sous scing-privé, elle ne pouvait porter sur lui, et que dans tous les cas , il ne devait acquitter que la moitié des droits ; que l'acte ne contenait aucune clause obligatoire à cet égard , et que la solidarité ne pouvait naître que d'une convention ou d'une loi.

Il a soutenu , au surplus, que le bail rappellé dans l'échange ne pouvait servir de base au réglement des droits , et a demandé l'expertise , par le motif que la Régie ayant le droit de requérir cette voie lorsqu'elle croit les évaluations insuffisantes, elle doit être également ouverte aux parties.

La Régie de l'enregistrement a observé sur la première question , qu'il est de principe que les droits d'enregistrement d'un acte ne peuvent être syncopés ; la formalité doit être entière ; elle ne le serait plus si on ne recevait de chaque partie , et à des époques differentes , qu'une portion du droit qui en est le salaire ; d'où il

suit qu'on est autorisé d'agir contre l'une des
parties, sauf à elle d'exercer son recours.

Sur la seconde question, la Régie a soutenu que l'expertise ne peut, dans l'espèce,
être invoquée par les parties, puisque l'énonciation qu'elles ont faites du revenu des fonds,
équivaut à une estimation du capital, au moyen
de la disposition du tarif qui porte, « que
,, l'évaluation des immeubles sera faite et portée
,, à vingt fois le produit des biens ou le prix
,, des baux courans. ,,

D'après ces observations, le ministre des
finances a confirmé, le 8 fructidor an 8, une
décision rendue par son prédécesseur le 14
ventose an 7, portant que le droit principal et
le double peuvent, dans l'espèce, être réclamés contre l'un des échangistes, et que le prix
du bail énoncé dans l'échange, doit servir de
base à la fixation des droits.

Les parties se sont pourvues au tribunal
d'Alençon, qui, par jugement du 16 vendémiaire an 9, a débouté la partie de son opposition énoncée à la contrainte, et l'a condamnée
au paiement des droits demandés et aux dépens.

A R T. 715.

RÉSILIATION DE VENTE D'IMMEUBLES.

Les résiliations qui se prononcent en justice , faute de paiement de prix de la part des acquéreurs , donnent lieu au droit proportionnel ; elles ne peuvent être assimilées à des annullations pour cause de nullité radicale , sujettes seulement au droit fixe.

JUGEMENT DE CASSATION,

Du 21 vendémiaire an 9, rendu sur le rapport du citoyen Liborel ;

Contre le citoyen Grandjouan.

Par contrat du 22 germinal an 6 , le cit. Grand-jouan et sa femme, ont vendu au cit. Belloguet , une maison et dépendances , située à Jurily-sur-Orges , moyennant une rente viagère de 1100 francs.

On y remarque cette clause : « que les vendeurs se » dessaisissent de la propriété au profit de l'acquéreur, » *sous la foi du paiement du prix , et de l'exécution* » *entière des présentes.* »

Six mois de la rente stipulée ont été payés d'avance.

Par autre acte du premier prairial an 6 , les parties ont reconnu que le véritable prix de la vente était une rente viagère de 1285 francs , et en outre une somme de 12,570 francs, dont la délégation a été faite au profit de divers créanciers du vendeur.

Ces deux actes ont été présentés au bureau de l'enregistrement en tems utile, et ont acquitté les droits.

Le cit. Belloguet , acquéreur , n'ayant par suite satisfait à aucun de ses engagemens , le cit. Grand-jouan , vendeur , s'est vu forcé de le poursuivre en résiliation , devant le tribunal civil de Seine-et-Oise.

Le 26 ventose an 7 , il a été rendu un jugement, portant que , dans la décade, Belloguet sera tenu de justifier de l'acquit des sommes dues aux créanciers indiqués , sinon que la vente demeurerait résiliée et comme non-avenue.

Ce jugement, présenté au bureau de l'enregistrement, le receveur a perçu un droit proportionnel de 1067 francs 8 centimes, à raison de 4 pour 100.

Grandjouan s'est pourvu en restitution devant le tribunal civil de Seine-et-Oise, où il a prétendu que le receveur n'aurait dû percevoir qu'un droit fixe de 3 francs.

Le 25 prairial an 7, il a obtenu un jugement qui l'a ainsi décidé, « attendu, est-il dit, que le jugement » du 26 ventose précédent, a prononcé la résiliation » d'un contrat, *qui n'a pas été exécuté dans ses con-* » *ditions principales*, et que l'objet vendu ayant été » remis entre les mains du vendeur, il en résulte » qu'il n'y a eu *qu'une seule mutation* de propriété » sujette au droit proportionnel de 4 pour 100. »

La Régie de l'enregistrement se pourvoyant au tribunal de cassation, a proposé pour moyen une contravention formelle au n°. premier, paragr. 7 de l'article 69 de la loi du 22 frimaire an 7, qui soumet au droit de 4 pour 100, « les adjudications, ventes, » reventes, cessions, *rétrocessions et tous autres* » *actes*, civils et *judiciaires*, translatifs de propriété » ou d'usufruit de biens immeubles à titre onéreux. »

Elle a exposé que cet article était applicable à l'espèce; puisque par l'effet du contrat de vente, Belloguet était devenu *propriétaire absolu*, de la maison dont il s'agit, tellement *qu'il aurait pu la revendre à un autre;* que dès-lors la propriété n'était sortie de ses mains, qu'en vertu *d'une mutation* judiciaire à la vérité, mais expressément désignée par la loi.

Elle a ajouté que Belloguet était, non-seulement entré en jouissance de la maison vendue, mais qu'il avait encore payé, sur-le-champ, les premiers six mois de la rente viagère.

Grandjouan s'est défendu, en opposant comme il avait fait devant le tribunal civil de Seine-et-Oise, le n°. 7, paragr. 3 de l'article 68 qui assujettit *au droit fixe de 3 francs* les jugemens de première instance ou d'appel, portant résiliation de contrat ou de clause de contrat *pour cause de nullité radicale*.

Interprétant à son gré cette disposition, il a prétendu que *le défaut de paiement* était *une nullité radicale*, surtout d'après la clause du contrat du 24 ger-

minal an 6', qui disait que la vente était faite à Belloguet, *sous la foi du paiement et de l'exécution
entière des conditions.*

La Régie a répondu qu'on faisait abus des mots,
nullité radicale, qu'on ne pouvait entendre par-là
qu'une nullité attachée à l'acte dès son origine, et
qui se perpétuait avec lui ; nullité résultante, soit de
l'incapacité des personnes, soit de l'inobservation de
formes essentielles, soit des moyens de fraude et de
violence qu'on aurait employés pour obtenir un acte,
circonstances qui faisaient considérer un acte ainsi in-
tervenu, *comme n'a ant jamais existé.*

Que dans l'espèce, l'acte passé à Belloguet n'était
entaché d'aucun de ces vices, qu'il avait été passé
dans les formes, et librement exécuté ; que le défaut
de paiement, ne produisait à l'égard du vendeur,
qu'une simple action pour être envoyé en possession
d'un immeuble ; action qui appartiendrait de même à
tout créancier de l'acquéreur, et dont le résultat opé-
rerait *une mutation judiciaire.*

En second lieu : Grandjouan a tiré un argument
du deuxième alinéa du n°. premier, paragraphe 7 de
l'article 69, qui porte « *que les adjudications sur
folle enchère,* sont assujetties au droit de 4 pour
100, mais seulement *sur ce qui excède le prix de la
précédente adjudication ;* pour prouver, que lorsqu'il
n'y avait pas de *différence de prix* dans les résiliations
de contrats particuliers, il n'était dû *aucun droit
proportionnel.*

On lui a répondu qu'il faisait une assimilation de
cas différens, réglés différemment par des dispositions
expresses, et que les règles pour les adjudications
sur folle enchère, devaient être bornées à les régir,
de même que les contrats civils et judiciaires avaient
leurs régles propres.

En troisième lieu : il a invoqué le n°. 40, paragr.
premier de l'article 18, qui soumet au droit fixe d'un
franc : « *les résiliemens purs et simples faits par actes
« authentiques dans les vingt-quatre heures des
» actes resiliés.* »

La Régie a observé que cet article, loin d'être
favorable au système de Grandjouan, lui était au

contraire fort opposé, puisqu'il en résultait, qu'un résiliement *pur et simple* fait *après les vingt-quatre heures*, serait sujet au *droit proportionnel*, quand même il n'y aurait eu ni entrée en jouissance de l'acquéreur, ni paiement d'aucune partie du prix.

D'après ces considérations, le jugement du tribunal civil de Seine-et-Oise a été annullé pour avoir fait une fausse application du n°. 7, paragr. 3 de l'art. 68, et comme étant contrevenu au n°. premier, paragraphe 7 de l'article 69 de la loi du 22 frimaire an 7, plaidant le cit. HUART-DUPARC, défenseur de la Régie.

A R T. 716.

LOIS ET ACTES DU GOUVERNEMENT RELATIFS
AUX FINANCES.

Arrêté du 28 nivose an 8.

Art. Ier. Les ex-religieuses qui voudront affranchir leurs familles du paiement de leurs dots en capital et intérêts, qui sont dues à la république, comme représentant les ci-devant maisons religieuses supprimées, le pourront faire en renonçant à la pension de retraite et aux arrérages qui en sont échus.

II. Dans ce cas, lesdites familles seront tenues de faire leur soumission, de se charger desdites ex-religieuses, de les nourrir, entretenir tant qu'elles vivront, et de leur fournir tous les secours qui leur sont indispensablement nécessaires.

III. Au moyen desdites rénonciations et soumissions qui seront rédigées en bonne et due forme, les dots desdites ex-religieuses mentionnées en l'article premier, cesseront d'être exigibles au profit de la nation. Lesdites ex-religieuses, leurs familles ou tous autres débiteurs quelconques desdits dots, en demeureront entièrement quittes, et libérés envers la république.

IV. Les ex-religieuses envers qui les dispositions ci-dessus seront exécutées, seront rayees de la liste des pensionnaires de l'Etat, si elles s'y trouvent portées.

ART. 717.

ENREGISTREMENT.

VENTE D'IMMEUBLES.

Une convention aléatoire entre deux ac-
quéreurs d'un immeuble, peut-elle
influer sur la perception des droits d'en-
registrement ?

Voici l'espèce qui nous a été proposée.

Ferdinard vend à Alexandre et à Charles un
domaine moyennant 12,000 fr., dont 8000 fr.
sont payés par Alexandre, et 4000 par Charles,
et il est convenu qu'Alexandre commencera à
jouir seul du domaine pendant sa vie, que s'il
survit, la propriété lui appartiendra également,
et que dans le cas où il prédécéderait, la jouissance et la propriété appartiendront à Charles.

On demande quel est le droit à percevoir ?

Il ne doit être perçu que le droit résultant de
la vente à raison de 4 fr. par cent, sur 12,000 fr.
La disposition relative à la jouissance et à la
propriété, est une convention purement aléatoire entre Alexandre et Charles. En effet, si
Alexandre survit, il aura eu la jouissance et il
conservera la propriété, les 4000 fr. payés par
Charles se trouveront perdus pour lui et pour
ses héritiers ; c'est parce qu'Alexandre doit

commencer à jouir qu'il paye 8000 fr., et s'il
prédécède, ses héritiers n'auront rien à réclamer vis-à-vis de Charles, qui aura, et la jouissance et la propriété, quoiqu'il n'ait payé que
4000 francs. La chance que court celui-ci paraît, à cet égard, plus favorable ; mais aussi
elle est plus onéreuse d'un autre côté, parce que
s'il prédécède, il n'aura eu ni jouissance ni propriété. Au reste, cette convention ne présente
ni réserve d'usufruit ni une acquisition de l'usufruit par l'un, et de la propriété par l'autre, con-
sequemment il ne peut rien être ajouté au prix
stipulé.

ART. 718.

TITRE NOUVEL.

*Dans un titre nouvel d'une rente consti-
tuée, le créancier déclare que les arrérages ne sont dus que depuis la dernière
échéance. Cette disposition donne-t-elle
ouverture à un droit particulier ?*

Le titre nouvel est la reconnaissance passée
par le débiteur qu'il doit telle rente. Ainsi la
déclaration par le créancier que les arrérages ne
sont dus que depuis la dernière échéance, et
par conséquent, que ceux antérieurs ont été
payés, est une seconde disposition qui ne dérive nullement de la première, et par cette

raison , sujette au droit d'enregistrement , aux termes de l'article 11 de la loi du 22 frimaire an 7.

Mais comment ce droit doit-il être liquidé ? C'est ce que nous allons établir.

Il est de principe qu'on ne peut demander que cinq années d'arrérages de rentes constituées , les précédentes sont prescrites , et le débiteur déchargé par la seule fin de non-recevoir , sans alléguer paiement. (Art. 71 de l'ordonnance de 1510.)

De-là , la conséquence que la déclaration faite par le créancier que les arrérages ont été payés, ne peut s'étendre qu'aux cinq dernières années. C'est donc sur le montant cumulé des arrérages de ces cinq années , que le droit doit être liquidé et perçu à raison de 5o centimes par cent francs , sauf la restitution s'il est justifié de quittances enregistrées.

A R T. 719.

Délivrance ou abandon de biens en paiement de créances sur les émigrés.

Nous avions pensé , art. 634 de nos Instructions , qu'un arrêté rendu dans l'espèce , donnait ouverture au droit d'enregistrement de 4 pour cent, d'après les considérations énoncées à l'article cité ; mais le ministre des finances, auquel il a été référé de cette question, n'a pas entièrement adopté notre opinion. Voici de quelle manière il s'explique dans une décision du 28 frimaire an 9. « Les » créanciers qui ont demandé l'abandon des » biens, ne sont pas fondés à prétendre qu'ils » sont lézés par cette opération, qui n'a profité qu'à la république.

» Ils ne peuvent non plus invoquer l'exception prononcée par la loi du 22 frimaire an 7, » pour les partages avec la nation, parce qu'il » ne s'agit point de partages, et qu'ils n'avaient » pas le droit d'exiger qu'il en fût fait avec » eux ; et la loi du 28 frimaire an 8, qui » dispense de l'enregistrement tous les actes » des corps administratifs, relatifs à la liquidation et à l'inscription au grand-livre de » la dette publique, n'est point applicable à » des créances qui, suivant la loi du 16 » thermidor an 7, devaient être payées en » numéraire, et se trouvent acquittées avec » des immeubles.

» Mais il est constant que par le fait de » l'émigration, ces biens sont devenus nationaux, et que l'abandon qui est fait, ne » peut être considéré que comme une vente » de biens nationaux, dont les droits incontestablement

,, testablement à la charge des acquéreurs,
,, ne sont exigibles qu'à 2 pour cent, confor-
,, mément à la loi du 26 vendémiaire an 7,
,, qui peut seule servir de règle aux termes
,, de celles du 22 frimaire suivant, quoiqu'il
,, n'y ait pas eu d'adjudication.

A R T. 720.

EXPÉDITIONS DE JUGEMENS.

Les jugemens préparatoires et définitifs des juges-de-paix, peuvent-ils être rédigés en minute ou expédition sur la même feuille, et les jugemens préparatoires peuvent-ils être enregistrés avant d'en suivre l'effet ?

On l'avait prétendu : on se fondait pour l'enregistrement des jugemens préparatoires avant d'en faire usage, sur l'article 41 de la loi du 22 frimaire an 7, qui défend de rendre aucun jugement sur des actes non-enregistrés ; mais cet article ne peut être applicable qu'à ceux des actes judiciaires qui sont susceptibles d'enregistrement sur la *minute*, et à ceux dont *il a été délivré des expéditions*. Lorsque ces *circonstances ne se rencontrent pas*, les jugemens préparatoires des juges-de-paix ne doivent pas *nécessairement* être enregistrés.

A l'égard du timbre, la question était moins facile à résoudre, parce que d'après l'article 23 de la loi du 13 brumaire an 7, on ne peut, sans contravention, écrire sur la même feuille de papier timbré, deux actes à la suite l'un de l'autre, nonobstant tout usage ou réglement contraire, et qu'il n'y a d'exception que celles nommément exprimées dans cette loi.

Cependant une loi bursale n'a pu , sans une clause expresse et explicite , déroger à une loi générale et fondamentale , qui règle le mode de procéder dans les justices de paix. Or, les articles 1er. du titre 7 , et les articles 3 et 6 du titre 8 de la loi du 26 octobre 1790 sur les justices de paix , autorisent ce mode d'instruction. Il n'y a donc pas là de contravention.

Nous pensons qu'on concilie ces lois , en considérant toute l'instruction relative à une même affaire dans *les tribunaux de paix* , comme ne faisant qu'*un seul et même acte.* C'est le vœu de la loi précitée du 26 octobre 1790.

D'ailleurs , dans les tribunaux où tout est sommaire , il peut en être usé pour les jugemens préparatoires et définitifs , comme pour les significations de jugement faites par un huissier. Celles-ci ne forment , d'après l'article 23 de la loi du 13 brumaire, que nous venons de citer, qu'un seul acte avec le jugement et autres pièces dont il est délivré copie : c'est d'après ces motifs , que le ministre des finances a écrit , le 8 pluviose an 9 , au ministre de la justice, qu'il pensait que la prétention contraire que l'on avait élevée, dans les deux cas, n'était point fondée.

ART. 721.

HYPOTHEQUES.

Mode de rectification d'erreurs et omissions commises par un conservateur ,

tant sur les répertoires que sur les re-
gistres des inscriptions ?

Les préposés de l'administration peuvent
rectifier les erreurs qu'ils auraient commises
sur les répertoires , mais il n'en est pas de
même de celles faites sur les registres de formalités , attendu qu'ils sont des actes et dépôts
publics , qui ne peuvent être changés ni mo-
difiés sans une autorisation légale. Il faut ,
dans ce cas , requérir l'assistance du commissaire du gouvernement , à la rédaction d'un
procès-verbal dressé par un employé supérieur , lequel constatera les erreurs commises
dans l'inscription des bordereaux de créances ,
pour ensuite , sur ce procès-verbal obtenir du
tribunal , l'autorisation convenable.

Ce mode a été approuvé par les ministres des
finances et de la justice.

A R T. 722.

A M E N D E S.

L'appellant qui ne fournit pas ses moyens
de défense , et contre lequel il est donné
congé , est-il passible de l'amende de
fol appel ?

L'article 10 du titre 10 de la loi du 24 août
1790 , porte , que tout appellant dont l'appel
est jugé mal fondé , doit être condamné à
l'amende. On a conclu de ces dispositions ,
que pour qu'il y ait lieu au paiement de l'a-
mende , il faut absolument un nouveau jugé ,

ce qui ne se rencontre pas dans un jugement de congé.

Cette opinion n'est pas conforme aux principes et à l'esprit des lois des 24 août 1790, et 26 mars 1791 : en effet quel est le but de ces lois ? C'est de punir tous ceux qui appellent mal-à-propos d'un jugement quelconque, dans la seule vue d'en retarder l'exécution; or, l'appellant qui ne fournit pas les moyens de défense, prouve qu'il ne cherche qu'à retarder l'exécution du jugement contre lequel il appelle. C'est un téméraire plaideur que la loi a voulu punir, d'ailleurs le jugement qui est rendu par défaut devient définitif, si l'appellant défaillant ne forme pas son opposition aux termes du titre 35 de l'ordonnance de 1667.

Il ne paraît donc pas douteux que l'appellant qui ne se présente pas, et contre lequel il est donné congé, ne soit passible de l'amende de fol appel.

Tel est la jurisprudence du tribunal d'appel séant à Paris, et l'opinion de la Régie.

_____

A R T. 723.

P A T E N T E S.

A V O U É S.

Les avoués sont-ils tenus de se munir d'une patente ?

Cette profession n'est point comprise dans le tarif annexé à la loi du premier brumaire an 7 ; mais cette omission provient, dit-on, de ce que les avoués ont été supprimés par la loi du 3 brumaire an 2 , depuis , ils ont été rétablis par celle du 27 ventose dernier ; il serait donc naturel de les assujettir à cette contribution , ainsi que les notaires placés à la deuxième classe.

Il importe de considérer que la suppression des avoués n'empêchait pas que beaucoup d'entre eux n'eussent continué leurs fonctions, soit sous cette dénomination , soit sous celle de défenseurs officieux ou d'hommes de loi.

Ce fait étant trop notoire pour qu'on puisse penser que ce n'a été que par une omission involontaire , que ces professions n'ont point été comprises aux différens tarifs des patentes rédigés depuis le 6 fructidor an 4 , on doit en conclure qu'il a été dans le vœu des lois de les exempter de cette obligation.

C'est dans cet esprit que le ministre des finances a répondu , le 28 nivose dernier , à un préfet qui lui avait soumis cette difficulté. Le ministre a approuvé que ce préfet n'ait pas compris les avoués aux rôles de l'an 9.

ART. 724.

PAPIERS ET IMPRESSIONS A L'USAGE DE L'ADMINISTRATION DE L'ENREGISTREMENT.

Les papiers , impressions , registres et

*effets de commerce destinés au service
de la Régie de l'enregistrement, peuvent-
ils être soumis aux droits d'octrois des
villes ?*

Non. L'établissement des octrois de bienfaisance dans un grand nombre de communes,
ayant essentiellement pour objet de leur procurer le moyen de subvenir à leurs dépenses
communales et municipales ; par une conséquence de ce principe, les objets qui n'entrent que par transit dans ces communes, ou
pour être entreposés jusqu'à leur sortie ulté-
rieure, ne sont point sujets aux droits d'octrois.

Les papiers de la Régie de l'enregistrement sont précisément dans ce cas, puisqu'ils
sont destinés au service de tous les bureaux d'un
département.

Il paraît d'ailleurs constant que le législateur n'a pu comprendre dans les objets soumis
à l'octroi ceux qui intéressent le gouvernement ; car, s'il en était autrement, le trésor
public acquitterait une partie de la charge
commune et municipale, ce qui serait directement contraire à l'esprit des lois d'établissement de l'octroi de bienfaisance.

(Décision du ministre des finances, du 28
frimaire an 9.)

A R T. 725.

DOMAINES NATIONAUX,

RENTES POUR CONCESSION DE DROIT DE BATIR.

La rente stipulée dans une concession du droit de bâtir une usine sur une rivière, peut-elle être considérée comme féodale, et à ce titre, comprise dans la suppression prononcée par la loi du 17 juillet 1793 ?

Pour résoudre cette question, il faut examiner d'abord la nature de la concession.

Est-elle faite par le souverain ou par un seigneur ? L'usine est-elle construite sur une rivière navigable ou non navigable ?

Suivant les principes de l'ancienne domanialité, et les dispositions de la loi du premier décembre 1790, les fleuves, les rivières navigables, et généralement toutes les portions du territoire national non susceptibles d'une propriété privée, sont considérés comme une dépendance du domaine public. L'autorisation de construire sur l'un de ces fleuves ou rivières, est une aliénation d'une portion du domaine public, la redevance qui en forme le prix, est un droit domanial qui ne tient en rien de la féodalité.

Il n'en est pas de même dans la seconde espèce. C'est par une suite du gouvernement féodal que les seigneurs s'étaient attribués le droit de propriété des rivières non navigables, autres que les ruisseaux de

trois pieds et demi de largeur, et celui de défendre
à leurs tenanciers de bâtir des moulins lorsqu'il y en
avait un banal dans la paroisse. La concession de ce
droit, moyennant une redevance, était l'action d'un
droit de suzeraineté, et cette redevance une reconnaissance du droit féodal.

Nous pensons qu'une redevance de cette nature ne
peut être exigée dans l'état actuel de la législation.

A R T. 726.

S O L I D A R I T É D E R E N T E S.

*Les débiteurs de rentes, quoique solidaires, peu-
vent-ils payer ou racheter leur part contributive ?*

Cette question ne fait pas de doute pour les rentes
créées avant le mois d'août 1790; le débiteur qui
justifie d'une manière légale de sa part contributive
dans le paiement d'une rente, peut se libérer séparément, et on n'a aucune action à exercer contre lui
pour la portion concernant ses co-débiteurs; d'après
la loi du 20 août 1792, titre 2, il peut également
racheter sa portion dans les formes voulues par la
loi; on ne le peut plus aujourd'hui sur le pied réglé
par la loi du 21 nivose an 8, mais rien ne s'oppose
à ce qu'un débiteur de rente, dont le transfert n'a
point encore été fait par la république, la rachète
sur le pied du denier vingt, après liquidation préalable approuvée par les conseils de préfecture, qui
remplacent les administrations de département.

ART. 727.

LOIS ET ACTES DU GOUVERNEMENT RELATIFS AUX FINANCES.

AMENDES.

Dans quel cas peut-on exercer la contrainte par corps ?

Le ministre des finances ayant présenté au conseil d'état la question de savoir si l'on peut user de la contrainte par corps contre un notaire successivement condamné aux amendes prononcées par la loi du 7 ventose an 8, pour avoir continué et pour continuer encore d'exercer ses fonctions sans avoir fourni son cautionnement, et qui a été inutilement poursuivi pour le paiement de ces amendes, attendu qu'il n'a ni propriétés, ni meubles.

Sur cette question, le conseil d'état donne l'avis suivant :

« Suivant l'ancienne jurisprudence, les amendes de contravention étaient exigibles par corps, même lorsque le jugement n'en faisait pas mention, parce qu'il ne s'agissait pas d'un simple droit, mais d'une infraction à la loi, que le contrevenant était personnellement tenu de réparer par le paiement de la peine prononcée, et cette peine affectait ses biens et sa personne. »

Cette jurisprudence subsiste encore aujourd'hui.

« Les amendes prononcées en matière de police

» correctionnelle, (dit l'article 41 de la loi du 22
» juillet 1791) emportent la contrainte par corps. »

La convention nationale qui, par son décret du 9
mars 1793, l'a abolie pour dettes, l'a maintenue par
un autre décret du 30 du même mois, à l'égard des
comptables, des fournisseurs ayant reçu des avances,
et des autres débiteurs directs de la nation.

Elle avait si bien entendu n'abolir cette contrainte
que pour dettes entre particuliers, qu'elle décréta,
le 5 octobre suivant, que jusqu'à la révision des lois
pénales, le défaut de paiement des amendes prononcées par la police correctionnelle, ne pourrait en-
traîner qu'une détention d'un mois à l'égard de ceux
qui sont insolvables.

Ainsi, l'ancienne jurisprudence non abrogée, la
loi du 22 juillet 1791, et les décrets des 30 mars
et 5 octobre 1793, se fortifient mutuellement, et ne
permettent pas de douter que la voie de la contrainte
par corps ne soit légale pour l'exécution des jugemens
qui prononcent des amendes pour contravention aux
lois qui les ont portées.

Les notaires qui exercent leurs fonctions en contravention à la loi du 7 ventose an 8, et contre lesquels les tribunaux appliquent correctionnellement les
dispositions de l'article 8 de cette loi, sont donc contraignables par corps au paiement des amendes encourues et prononcées.

Vainement objecterait-on que l'article 41 de la
loi du 22 juillet 1791 n'est applicable qu'aux délits
spécifiés dans cette loi ; que le décret du 5 octobre
1793 s'y rapporte uniquement, et que la contravention dont il s'agit aujourd'hui n'ayant pu y être ni
indiquée, ni prévue, il n'y a point de lois d'après

lesquelles on puisse user de la contrainte par corps
pour le cas proposé par le ministre de la justice, celle
du 7 ventose an 8 qui le concerne, ne faisant aucune
mention de cette peine.

On répondra toujours avec raison que la contrainte
par corps n'a point été abolie dans l'espèce, que l'article 41 de la loi du 22 juillet 1791 doit être entendu
généralement de toutes les amendes que les juges
sont autorisés à prononcer correctionnellement, et
que le cas des notaires contrevenant à la loi du 7
ventose an 8, se trouve soumis aux dispositions de
cet article, puisque c'est par la voie de police correctionnelle qu'ils sont et doivent être condamnés.

La loi du 15 germinal an 6, qui a rétabli la contrainte par corps, et qui a eu spécialement en vue
l'intérêt du commerce, rappelle aussi qu'elle a lieu
pour versemens de deniers publics et nationaux.
Cette disposition appuyerait, s'il en était besoin,
celles ci-dessus citées ; mais elles suffisent pour faire
demeurer constant qu'il n'y a aucune induction contraire à tirer du silence de la loi du 7 ventose an 8,
dès que la contrainte par corps était établie par les
lois antérieures, et qu'elles s'appliquent évidemment
aux contraventions qui sont l'objet de la question du
ministre de la justice.

Le conseil d'état pense donc qu'il n'est nullement
besoin de provoquer une nouvelle loi sur cette matière, et que les notaires sont contraignables par
corps au paiement des amendes prononcées contre
eux pour contravention à l'article 8 de la loi du 7
ventose an 8.

ART. 728.

ENREGISTREMENT.

PRESTATION DE SERMENT.

Les procès-verbaux de prestation de serment des préfets, sous-préfets, membres des conseils de préfecture et de département, sont-ils sujets à l'enregistrement ?

Non. Les préfets, sous-préfets, membres des conseils de préfecture et de département remplacent les administrations centrales et de canton ; or, les sermens des administrateurs de département et de canton et des agens communaux, n'ont jamais été assujettis à l'enregistrement : ce sont des actes d'administration publique en faveur desquels l'exemption est formellement prononcée par le numéro 1er. du 3e. paragraphe de l'article 70 de la loi du 22 frimaire an 7.

Ces principes s'appliquent aux sermens des juges ; nous les avons développés dans le numéro 81 de notre feuille.

Le ministre des finances, en le décidant ainsi, le 8 pluviose an 9, a rapporté la partie de sa décision du 18 prairial an 8, qui concerne les

sous-préfets et les secrétaires généraux de préfecture. Il a aussi annullé celle du 12 thermidor
an 7, relative aux juges, insérée au numéro 29
de notre journal.

A R T. 729.

N O V A T I O N.

La conversion en une rente viagère du prix
d'une vente, par acte postérieur à la
vente, opère une novation sujette au
droit proportionnel.

Alcippe vend une maison à Josué qui, sur le
prix, retient entre ses mains la somme de 20
mille francs pour le fonds du douaire dû à la
mère du vendeur.

Par un acte postérieur, Alcippe desirant toucher une portion du prix retenu pour sûreté du
douaire, propose à Josué de lui laisser en toute
propriété ladite somme de 20,000 francs, à condition que ce dernier lui paiera comptant 10
mille francs, et qu'il se chargera de payer à la
mère du vendeur et jusqu'à son décès, les arrérages de son douaire; Josué accepte cette pro-
position, et paie à Alcippe 10,000 francs.

On demande quel droit opère cet acte.

L'on a prétendu qu'il devait être considéré
comme une libération de 20,000 francs, passible du droit de 50 centimes pour 100 francs
sur cette somme.

D'autres ont soutenu que c'était une cession de créance de 20,000 francs, faite moyennant 10,000 francs, et à la charge d'acquitter une rente viagère de 1000 francs, conséquemment, que ce droit était de 200 francs.

C'est sur les effets que les actes produisent, que la perception doit être établie ; ainsi, nous ne partageons ni l'une ni l'autre de ces opinions. Josué payant à Alcippe 10,000 francs sur la portion du prix qui était restée entre ses mains, il y a véritablement libération a cet égard, et le droit de 50 centimes par 100 francs doit être perçu sur cette somme.

Quant aux autres 10,000 francs, Alcippe consent que Josué les conserve ou les retienne en toute propriété à la charge de payer à la mère du vendeur les arrérages de son douaire jusqu'à son décès ; il y a donc ici aliénation du capital à titre de rente viagère ; le droit doit, d'après cet effet de l'acte, être liquidé à raison de 2 pour cent sur le capital constitué ou aliéné.

A R T. 730.

ADJUDICATIONS DE COUPES DE BOIS.

Le droit d'enregistrement pour un procès-verbal de vente de coupes de bois à plusieurs individus non solidaires, doit-il

être perçu séparément sur chaque article,
ou cumulativement sur le montant des
sommes exprimées dans le procès-verbal
lorsque chacun de ces articles est signé
par l'adjudicataire et même par une cau-
tion ?

L'avis que nous avions émis sur cette question, article 522 et 605, page 517 et 633, a
été confirmé par une décision du ministre, du
28 nivose dernier. Elle porte que lorsqu'il s'agit
d'une adjudication en détail de coupes de bois,
les droits doivent être perçus distinctement sur
le prix de chaque article signé de l'adjudicataire
non solidaire, et qu'il doit en être de même
pour les cautionnemens fournis par les adjudicataires ; enfin, que la perception ne doit avoir
lieu cumulativement que pour les ventes de
meubles faites au comptant.

ART. 731.

DÉCLARATIONS POUR SUCCESSION.

FAUSSE DÉCLARATION DE DATE DE DÉCÈS.

Un faux accusé de la date d'un décès est-
il passible de la peine du double droit
comme une fausse déclaration de la
quotité ou de l'estimation des biens ?

Pour se soustraire au paiement du droit en

sus, exigible après l'expiration des délais, des héritiers viennent le 1er. messidor, déclarer que leur tuteur est décédé le 15 ventose précédent; le receveur demande et les héritiers paient le droit simple ; mais peu de tems après, il est constaté par un procès-verbal que le décès a eu lieu dans le mois de brumaire.

Les héritiers sont appellés ; ils offrent de payer le demi droit en sus : peut-on exiger davantage ?

La fraude doit être punie plus sévèrement que la négligence et l'oubli. Si la loi établit la peine du demi-droit en sus contre ceux qui ont négligé de faire leur déclaration dans le delai de six mois, elle doit se montrer plus sévere à l'égard des prévaricateurs. On ne peut pas se dissimuler qu'il n'y ait ici une prévarication réfléchie dont l'exemple serait d'autant plus contagieux qu'il serait plus facile à imiter. Prévarication au moins aussi coupable que celles de l'omission ou de l'insuffisance d'estimation dans les déclarations que la loi punit de la peine du double droit.

C'est ainsi que plusieurs ont raisonné ; mais on s'égare toujours quand on s'écarte de la loi. Il n'est jamais permis d'en étendre les dispositions. Elle n'a prononcé la peine du double droit que pour les omissions ou les insuffisances

d'estimation

d'estimation auxquelles on ne peut point com-
parer les fausses dates de décès ; d'ailleurs , les
peines ne doivent jamais s'appliquer par assimilation.

On ne peut donc , dans l'espèce présente ,
exiger que le demi-droit en sus, établi par l'article 24 de la loi qui , d'ailleurs , a fourni les
moyens de constater les dates de décès.

Solution de la régie , du 2 germinal an 8.

A R T. 732.
T I M B R E.

MÉMOIRES ET CONSULTATIONS.

Les mémoires, consultations et autres écrits
rédigés pour la défense des parties , im-
primés sur papier non timbré , et non si-
gnés , peuvent - ils être timbrés sans
amende avant d'être produits en justice ?

Nous avons rapporté , article 238 de ces
instructions , une solution de la régie , portant que les mémoires dont il s'agit , distribués au public ou aux juges individuellement,
ne sont pas assujettis au timbre , lorsqu'ils ne
sont pas signés des défenseurs ou des parties.

Il résulte de cette décision que l'on ne doit
pas confondre ces écrits avec les journaux ,
avis et affiches qui doivent être timbrés avant

Troisième année. 12

d'être imprimés, et par conséquent, que la loi du 9 vendémiaire an 6, relative au timbre desdits journaux, etc., n'est pas applicable à l'espèce.

C'est d'après la loi du 13 brumaire an 7, relative au timbre des actes civils et judiciaires, qu'il faut examiner si le receveur du timbre doit refuser de timbrer lesdits mémoires.

L'article 7 de cette loi autorise les citoyens à se servir de papiers autres que ceux de la régie, et veut que ces papiers soient timbrés *avant d'en faire usage*.

Comme cette loi n'interdit pas aux citoyens non officiers publics, de rédiger ou d'imprimer sur du papier non timbré des écrits qui ne deviennent assujettis au timbre que par un évènement postérieur à leur rédaction ou à leur impression, nous pensons que les écrits dont il s'agit peuvent être timbrés sans amende avant d'être présentés en justice, parce que les mots, *avant d'en faire usage*, équivalent à ceux-ci, avant la signature des parties ou de leurs défenseurs.

ART. 733.

HYPOTHÈQUES.

ACTION POUR FRAIS DE PROCÉDURE.

La république a-t-elle une action en hypo-
thèque pour le montant des frais de pro-
cédure ?

La loi du 11 brumaire an 7 porte, article 2 :
« L'hypothèque ne prend rang, et les privi-
» lèges sur les immeubles n'ont d'effet que pour
» leur inscription dans les registres publics à
» ce destinés, sauf les exceptions autorisées
» par l'article 11. »

Les privilèges ne sont donc conservés que
pour les créances spécifiées dans l'article 11, et
la république ne peut en exercer pour les frais
liquidés dans un jugement que lorsque l'inscription de l'exécutoire desdits frais la colloque à
rang utile. A défaut de cette formalité, la république n'a d'action que sur les revenus. Il est
intéressant, pour conserver les intérêts de la république sur les créances de cette nature, que
les receveurs lors de la levée des jugemens de
condamnation, réclament les exécutoires des
frais, et en requièrent inscription avec celle du
montant des condamnations.

A R T. 734.

P A T E N T E S.

FILOTIERS OU MARCHANDS DE FIL.

Dans quelle classe doivent-ils être rangés ?

Le ministre des finances, consulté sur cette question, a fait, au directeur des contributions du département de l'Orne, le 8 pluviose an 9, la réponse suivante : ,, Je vous observe que la taxe au droit de troisième classe pour tous ceux qui se mêlent de ce qui a rapport au commerce du fil, sous la dénomination de filotier, est abusive.

,, Ceux qui vendent du fil en gros doivent le droit de première classe.

,, Les détaillans sont compris à la troisième classe, et ils doivent rester à cette classe lorsqu'indépendamment de la vente dans le lieu de leur résidence, ils vont vendre dans les marchés.

,, Les marchands forains et colporteurs qui ne font point de commerce sédentaire à leur domicile, doivent les droits fixés en tête du tarif, sans égard à la population.

,, Ceux qui font fabriquer du fil sont sujets au droit de deuxième classe s'ils emploient plus de cinq ouvriers.

„ Ils ne doivent que celui de la cinquième classe s'ils n'emploient que cinq ouvriers ou moins.

„ Ceux qui filent seuls sans ouvriers sont exempts de patentes, conformément au numéro 9 de l'article 29 de la loi qui prononce pour les fileurs de laine et coton l'exemption qui s'applique naturellement aux fileurs de chanvre ou de lin.

„ Il y aurait également de l'abus à avoir compris à la troisième classe sous la dénomination de filotiers, ceux qui fabriquent des toiles, et qui, s'ils travaillent seuls, sans ouvriers, ne sont que des tisserands portés à la septième classe; lorsqu'ils entretiennent plusieurs métiers jusqu'à cinq, ils doivent être placés à la cinquième classe, et s'ils en occupent plus de cinq, à la première.

„ C'est d'après ces distinctions que vous devez examiner les taxes contre lesquelles on réclame, pour les faire réduire, s'il y a lieu, de même que celles contre lesquelles il n'y a pas eu de réclamation, et qui pourraient être susceptibles d'être portées de la troisième classe à la deuxième ou à la première. „

A R T. 735.
Mode de liquidation des frais qui sont à la charge de la république.

Dans l'an 5 et l'an 6, les juges de paix et

tribunaux civils avaient la connaissance des affaires de patentes. Lorsque les greffiers et huissiers étaient dans le cas de réclamer des frais sur cette partie, ils devaient, chacun de leur côté, s'adresser à ces juges pour les faire régler, et les exécutoires qui leur étaient délivrés, devaient ensuite être vérifiés sur les pièces, et arrêtés définitivement par les administrations centrales, mais le paiement ne pouvait s'en effectuer qu'après le *visa* du ministre des finances.

Pour l'an 7 et autres postérieurs, les tribunaux n'ayant pas conservé la connaissance des matières de patentes, il suffit que les états des frais soient vérifiés et arrêtés sur les pièces par les préfets, et envoyés par eux avec les pièces pour être approuvés par le ministre.

(Lettre du ministre des finances, du 8 nivose an 9.)

ART. 736.

FRAIS D'IMPRESSION DES REGISTRES TENUS PAR LES MAIRES.

Les frais des registres que les maires des communes sont obligés, conformément à l'article 5 de l'arrêté des consuls, du 15 fructidor an 8, de tenir pour la déli-

vrance des patentes , doivent-ils être à la
charge de la préfecture ou de la direc-
tion des contributions , sur les deux dé-
cimes qui lui sont attribués ?

Ces frais sont à la charge des communes . et
doivent être acquittés sur le produit du dixième
des patentes qui leur est accordé. (Lettre du
ministre des finances , du 28 pluviose an 9 , à
un préfet.)

A R T. 737.

AMENDES ET FRAIS DE JUSTICE.

Les père et mère peuvent-ils être poursuivis
pour le paiement des amendes et frais de
justice auxquels leurs enfans ont été con-
damnés pour délits ruraux ?

Oui , lorsque les enfans sont âgés de moins
de 20 ans, et qu'ils ne sont pas mariés. Il ne
peut y avoir de difficulté pour les amendes; l'article 7 de la loi du 28 septembre 1791 , le
porte expressément.

Quant aux frais de justice , nous pensons
que l'on doit décider affirmativement , attendu
que l'accessoire suit toujours le sort du principal.

ART. 738.

RENTES DUES A LA RÉPUBLIQUE.

COMPENSATION.

Par contrat passé en 1788 , le débiteur d'une rente au capital de 3000 francs envers une communauté religieuse , chargea un tiers d'acquitter cette rente , moyennant le paiement d'une somme stipulée dans l'acte ; et avec la clause de se faire accepter pour seul débiteur par cette communauté , dans un intervalle de six années.

Depuis , la communauté créanciere de la rente a été supprimée , et le tiers qui devait l'acquitter a émigré ; il est résulté de-là que la république étant aux droits de l'un et de l'autre , s'est trouvée créanciere et débitrice de cette rente.

Cependant le débiteur primitif a été poursuivi , sous prétexte que les délégations et novations opérées par le contrat de 1788 , n'avaient pas été acceptées par la communauté creanciere originaire. L'administration centrale d'un département avait même considéré ces poursuites comme régulières , sauf à ce particulier à se pourvoir en liquidation de la somme payée à l'émigré pour le service de cette rente.

Mais la république , aux droits de ce dernier , était tenue de remplir les engagemens qu'il avait contractés ; or , il s'était obligé de se faire reconnaître pour seul débiteur de la rente en question. La république , mise à son lieu et place , devait conc garantir de toute demande le débiteur primitif.

Dans ces circonstances , le ministre des finances a rendu , le 21 pluviose an 9 , la décision suivante :

» La république se trouvant en même tems créan-
» cière de cette rente comme étant aux droits des ci-
» devant religieuses de · · · · · · et débitrice du ca-
» pital de cette rente comme représentant l'émigré. .
» · · · · · · ladite rente doit être considérée comme
« éteinte ; en conséquence les poursuites commencées
» pour le paiement des arrérages de ladite rente seront
» abandonnées. »

A R T.   739.

I N S T A N C E S.

Le ministère des avoués est-il indispensable pour la suite des instances qui concernent la régie dans les tribunaux.

Quelques tribunaux avaient adopté cette opinion ; ils se fondaient sur l'article 94 de la loi du 27 ventose an 8 , qui porte : « Les avoués auront exclusive-
» ment le droit de postuler et de prendre des conclu-
» sions dans le tribunal pour lequel ils sont établis :
» néanmoins , les parties pourront toujours se défendre
» elles-mêmes verbalement et par écrit , ou faire pro-
» poser leur défense par qui elles jugeront à propos. »
Mais cette loi ne déroge point à celles des 11 septembre et 19 décembre 1790 , 9 octobre 1791 et 22 frimaire an 7 , qui veulent que les procès à instruire par
la régie de l'enregistrement le soient par simples mémoires sans le concours d'hommes de loi , avoués ou
défenseurs officieux , cette fonction devant être remplie pour la république par les commissaires du gou-

vernement. C'est ainsi que s'en est expliqué le ministre de la justice , dans sa lettre du 22 nivose dernier
au commissaire du gouvernement près le tribunal de
Neufchâteau.

Le ministre des finances , en transmettant cette décision par lettre du 28 pluviose dernier , au préfet de
la Lozère , lui ajoute , « Qu'il peut , dans les affaires
» qui intéressent la république , constituer un avoué ,
» s'il croit que les circonstances l'exigent , mais que
» cette faculté ne doit naturellement être exercée que
» pour les affaires majeures dans lesquelles il s'agit de
» propriétés ; qu'il importe dans ce cas que l'avoué
» auquel il accordera sa confiance s'engage à ne ré-
» clamer ses frais qu'après le jugement , parce que s'il
» est en faveur de la république , il les recouvrera sur
» la partie condamnée , et qu'à l'égard de ceux dans
» les affaires où la république succomberait , l'avoué
» doit s'obliger à ne réclamer que ses déboursés , qui
» seront payés en une ordonnance du receveur des
» domaines. »

L O I

SUR L'ENREGISTREMENT.

Du 27 ventose an 9.

Nota. Les articles placés à la marge droite , indiquent ceux de la loi du 22 frimaire an 7 , auxquels ont rapport les articles de la présente.

ARTICLE PREMIER.

A compter du jour de la publication de la présente , les droits d'enregistrement seront liquidés et perçus suivant les fixations établies par la loi du 22 frimaire an 7 , et celles postérieures , quelle que soit la date ou l'époque des actes et mutations à enregistrer , sauf les modifications et changemens ci-après.

Art. de la loi du 22 frim. an 7.

Art. 73.

I I.

La perception du droit proportionnel suivra les sommes et valeurs de vingt francs en vingt francs inclusivement et sans fraction.

5.

I I I.

Il ne pourra être perçu moins de vingt-cinq centimes pour l'enregistrement des actes et mutations dont les sommes et valeurs ne pro-

6.

duiraient pas vingt-cinq centimes de droit proportionnel.

I V.

Sont soumises aux dispositions des articles 22 et 38 de la loi du 22 frimaire, les mutations entre-vifs de propriété ou d'usufruit de biens immeubles, lors même que les nouveaux possesseurs prétendraient qu'il n'existe pas de conventions écrites entre eux et les précédens propriétaires ou usufruitiers.   12.

A défaut d'actes, il y sera suppléé par des déclarations détaillées et estimatives, dans les trois mois de l'entrée en possession, à peine d'un droit en sus.

V.

Dans tous les cas où les frais de l'expertise autorisée par les articles 17 et 19 de la loi du 22 frimaire, tomberont à la charge du redevable, il y aura lieu au double droit d'enregisrement sur le supplément de l'estimation.   17, 18 et 19

V I.

Les dispositions de la loi du 22 frimaire, relatives aux administrations civiles et aux tribunaux alors existans, sont applicables aux fonctionnaires civils et aux tribunaux qui les remplacent.   26, 29, 35, 36, 37, 41, 42, 43, 45, 46, 49, 51, 52, 53, 54 et 55

V I I.

Les actes et procès-verbaux de vente de prises, et de navires ou bris de navires, faits par les officiers d'administration de la marine, seront soumis à l'enregistrement dans les vingt jours de leur date, sous la peine portée aux articles 35 et 36 de ladite loi du 22 frimaire. 35, 36 et 37

L'article 37 leur est applicable pour le cas qui y est prévu.

V I I I.

Le droit d'enregistrement des baux à ferme ou à loyer, et des sous-baux, subrogations, cessions et rétrocessions de baux, réglé par l'art. 69 de la loi du 22 frimaire, parag. 3, n°. 2, à un franc par cent francs sur le montant des deux premières années, et à vingt-cinq centimes par cent francs sur celui des autres années, est réduit à soixante-quinze centimes par cent fr. sur les deux premières années, et à vingt centimes par cent francs sur le montant des années suivantes. 69 § 3, n°. 2.

S'il est stipulé, pour une ou plusieurs années, un prix différent de celui des autres années du bail ou de la location, il sera formé un total du prix de toutes les années; et il sera divisé également, suivant leur nombre, pour la liquidation du droit.

I X.

Le droit d'enregistrement des cautionne- 69 § 2

mens de baux à ferme ou à loyer, sera de moi-   nᵒ. 8.
tié de celui fixé par l'article précédent.

X.

L'article 69 de la loi du 22 frimaire, parag.   69 § 4,
4, nᵒ. 1, et § 6, nᵒ. 2, est applicable aux   nᵒ. 1 ,
démissions de biens en ligne directe.   et § 6,
   nᵒ. 2.

X I.

Le droit proportionnel est porté à deux   69 § 2.
pour cent sur le montant des dommages-   nᵒ. 9 ,
intérêts en matière civile, ainsi qu'il est réglé   § 5 ,
par l'article 69 de ladite loi; parag 5, nᵒ. 8,   nᵒ. 8.
pour les dommages-intérêts en matière criminelle , correctionnelle et de police.

X I I.

Les jugemens portant résolution de contrats   68 § 3,
de vente pour défaut de paiement quelconque   nᵒ. 7.
sur le prix de l'acquisition, lorsque l'acqué-   art.69,
reur ne sera point entré en jouissance, ne se-   § 7, nᵒ.
ront assujettis qu'au droit *fixe* d'enregistre-   7.
ment, tel qu'il est réglé par l'article 68 de
la loi du 22 frimaire, § 3, nᵒ. 7, pour les
jugemens portant résolution de contrats pour
cause de nullité radicale.

X I I I.

La dernière disposition du nᵒ. 30 du parag.   68 § 1ᵉʳ.
premier de l'article 68 de la loi du 22 fri-   nᵒ.30,
maire , est applicable aux actes d'appel com-   §. 4 ,

pris sous les §§ 4 et 5 du même article.

n°. 3 et § 5.

X I V.

Les actes de prestation de serment sont soumis à l'enregistrement sur les minutes, dans les vingt jours de leur date, sous les obligations et peines portées aux articles 35 et 37 de ladite loi du 22 frimaire.

7.

Ceux des avoués sont classés parmi les actes de cette nature compris sous le n°. 4 du 6è. § de l'article 68. Ceux des gardes des barrières le sont sous le n°. 3 du 3e. § du même article.

68 § 6 n°. 4. §3, n. 3.

X V.

Le droit d'enregistrement des significations d'avoué à avoué, dans le cours des instructions des procédures devant les tribunaux, est fixé à vingt-cinq centimes. Ces actes seront enregistrés dans les quatre jours de leur date, à peine de cinq francs d'amende pour chaque contravention, outre le paiement du droit.

X V I.

Les présentations et les défauts et congés faute de comparoir, défendre ou conclure, qui doivent se prendre au greffe, sont soumis à un droit fixe d'un franc.

68. § 1er.

Ils s'enregistrent sur les minutes ou originaux.

7.

Le délai pour l'enregistrement est le même que celui fixé par l'article 20 de la loi du 22

20, 35, 37.

frimaire, pour les actes judiciaires ; et les articles 35 et 37 de ladite loi leur sont applicables.

X V I I.

L'instruction des instances que la régie aura à suivre pour toutes les perceptions qui lui sont confiées, se fera par simples mémoires respectivement signifiés sans plaidoierie. Les parties ne seront point obligées d'employer le ministère des avoués.

X V I I I.

Toutes dispositions contraires à la présente sont abrogées.

Motifs de la loi présentée au Corps Législatif, par le citoyen DUCHATEL, *Conseiller d'Etat, Orateur du gouvernement.*

LÉGISLATEURS,

Si les droits d'enregistrement se placent au premier rang des revenus publics par l'importance de leur produit, ils se distinguent aussi par le but moral de la formalité dont ils sont le salaire.

Les lois qui les concernent doivent les régler sous ce double rapport.

Celle du 22 frimaire an 7, en les dégageant d'une foule de dispositions obscures et arbitraires, les a organisés d'après des principes simples qui ont fait cesser presque toutes les questions et difficultés qui naissaient journellement des lois antérieures.

Cependant l'expérience, qui donne toujours les plus sûres

sûres et les meilleures leçons, a fait connaître que cette loi a besoin de nouvelles dispositions pour la juste application de ses principes, pour le développement et l'intelligence de plusieurs de ses articles, pour la réduction de quelques fixations trop fortes, et pour en élever quelques autres au taux dont ils sont susceptibles. D'ailleurs des institutions qui n'existaient pas alors demandent que la loi s'explique nommément à leur égard et sur leurs actes.

Tels sont les motifs qui ont déterminé le gouvernement à vous proposer le projet de loi dont vous venez d'entendre la lecture.

Une loi nouvelle, dès qu'il s'agit de retoucher celle du 22 frimaire, paraîtrait peut-être devoir embrasser un plus grand nombre de dispositions que n'en contient le projet qui vous est présenté; mais il y aurait de l'inconvénient à vouloir devancer, pour tous les cas possibles dans cette partie, le code civil et celui de procédure sur lesquels la loi de l'enregistrement viendra un jour s'appuyer d'une manière stable, tant pour le dénombrement des actes et mutations, que pour le réglement des droits qu'ils auront à supporter. Le gouvernement a donc cru devoir se borner aux modifications et changemens qui lui ont paru ne pouvoir être ajournés, soit pour l'intérêt du trésor public, soit pour celui des redevables.

Vous remarquerez, citoyens législateurs, que l'article premier du projet de loi a pour but principal d'abroger la seconde disposition de l'article 73 de la loi du 22 frimaire an 7, comme contraire aux principes constamment adoptés en matière de contributions indirectes, qui veulent que la loi existante lors du paiement des droits., en règle la quotité. D'ailleurs, en donnant lieu à une inégalité de perceptions, elle complique le mode de liquidation, et elle jette de la confusion dans l'instruction des affaires, ainsi que dans la comptabilité. D'un autre côté, le droit d'enregistrement se considérant comme le salaire de la formalité, il répugne à la raison d'avoir à enregistrer le même jour deux actes de même nature et de dispositions absolument semblables, et de percevoir pour l'un un droit différent que pour l'autre, parce que celui-ci est d'une date postérieure à la loi du 22 frimaire, et que celui là est d'une date antérieure. La facilité que l'on a de changer les dates des actes sous signature privée doit être un motif de plus pour les remettre tous sous l'empire de la loi existante. Il est à observer en outre que cette règle, aussi juste que naturelle, est avantageuse aux redevables pour beaucoup d'actes assujettis à de plus forts droits d'après les anciennes lois, que d'après la loi actuelle. Il faut également remarquer qu'il ne s'agit plus guère maintenant que d'actes sous signature privée, et de quelques mutations par décès dont la connoissance a échappé jusqu'à présent à la recherche des préposés. Enfin, ce que l'on propose par l'article premier est conforme à ce qui fut décrété le 9 pluviose an 4, le 14 thermidor suivant, et le 9 vendémiaire an 6, dates de trois lois qui ont successivement apporté des modifications et changemens au tarif.

La loi du 19 décembre 1790 tarifa les droits proportionnels à *tant* pour cent. Elle prononça que la perception suivrait chaque série de cent francs, inclusivement et sans fractions, avec cette modification qu'il ne serait perçu que la moitié du droit fixé par cent

francs pour les actes dont les sommes et valeurs n'ex-
céderaient pas cinquante livres. On voulut éviter par
ces dispositions l'embarras des fractions dans la liquidation des droits, et ne pas donner la formalité de
l'enregistrement pour un droit trop modique à des actes
et mutations de peu de valeur.

La loi du 22 frimaire n'a pas suivi cette marche,
comme on le voit par ses articles 5 et 6. Il résulte de
ce dernier une perception trop forte pour certains actes
et mutations par décès d'une très-faible valeur. Par
exemple, celui qui acquiert un terrein qui ne vaut
que vingt francs, paie quatre francs de droit d'enregistrement, et l'héritier collatéral qui déclare un
fonds de même valeur, a à payer cinq francs, comme
s'il s'agissait d'un capital de cent francs. Cette perception est exorbitante : l'article 2 du projet la redresse
et la rend supportable en la réduisant tel qu'il est proposé : la perception se trouve en même temps simplifiée.

L'article 12 de la loi du 22 frimaire a voulu que
toute transmission de propriété ou d'usufruit de biens
immeubles soit enregistrée. Cependant son objet
éprouve des difficultés lorsque les nouveaux possesseurs nient l'existence des actes sous signature privée,
en vertu desquels ils jouissent, et qu'ils pretendent
n'être détenteurs que d'après des conventions verbales.
D'ailleurs cet article n'exige pas de déclarations à défaut de représentation d'actes, il sera donc rendu à
son but lorsqu'il sera expliqué comme le propose l'article 4 du projet.

Depuis l'abolition des retraits et de l'action en resci-
sion pour cause de lésion d'outre-moitié, les parties,
de l'avis même de beaucoup de notaires, dissimulent

le véritable prix dans les actes. La loi du 22 frimaire a cherché à remédier à cet abus non moins remarquable par le tort qu'il fait au trésor public, que par la mauvaise foi qu'il décèle, et même par les conséquences fâcheuses qu'il peut avoir pour les contractans, et elle a autorisé la régie à requérir l'expertise dans les cas où la fraude paraît manifeste : mais comme la loi n'a imposé aucune peine lorsque le prix est reconnu supérieur à celui porté au contrat, les redevables ne craignent point de le déguiser, sauf, en cas d'expertise, à payer un supplément de droit simple.

Le moyen de les détourner de la pratique de cette fraude est d'assujettir le supplément d'estimation au double droit. Cette disposition bien légitime, qui fait l'objet de l'article 5 du projet, aura un but moral ; elle rappellera les parties à la vérité dont elles craindront de s'écarter, vu la peine qu'elles auraient à encourir.

La loi du 22 frimaire contient diverses dispositions qui se rapportent personnellement et nommément aux administrations et tribunaux alors existans. Le nouvel ordre de choses ayant mis d'autres fonctionnaires à la place de ceux de ce tems-là, il convient de les avertir qu'ils ont les mêmes obligations à remplir. L'article 6 du projet contient à cet égard une disposition qui a été reconnue nécessaire d'après les difficultés que l'on a différentes fois éprouvées avec des fonctionnaires actuels, qui ont prétendu que la loi ne pouvait leur être appliquée.

L'article 7 est également nécessaire pour avertir les officiers d'administration de la marine que les actes et procès-verbaux de vente de prises et de navires ou bris de navires, qu'ils rédigent, sont soumis par la loi à l'enregistrement dans le délai qu'elle prescrit, et sous les obligations qu'elle impose, dont ils prétendent se dispenser, la loi du 22 frimaire ne les ayant pas dénommés.

Avant la loi du 22 frimaire, le droit d'enregistrement des baux était assis sur le prix d'une année seulement, à raison de soixante-quinze centimes par cent franc pour ceux d'une année, et d'un franc cinquante centimes pour ceux de deux ans et au-dessus. Cette loi a établi la perception sur toutes les années du bail; mais la fixation du droit a été portée trop haut, et les parties font tout ce qu'elles peuvent pour éviter d'avoir recours à la formalité de l'enregistrement. Il est donc aussi intéressant pour le trésor public, que juste à l'égard des redevables, de réduire cette fixation à un taux plus supportable. L'agriculture, que l'on doit avoir principalement en vue, réclame particulièrement cette réduction. Elle fait l'objet de l'article 8 du projet.

Il paraît également juste de réduire le droit sur les cautionnemens des baux, ainsi qu'il est proposé sous l'article 9. Presque toujours ce droit, d'après la loi du 22 frimaire, s'élève à la même somme que celui du bail. En le réduisant à moitié du premier, il reste encore assez fort. Il se trouvera d'ailleurs tarifé d'une manière plus équitable, car l'obligation de la caution n'est pas aussi immédiate que celle du preneur, puisqu'il faut que celui-ci manqué à ses engagemens pour donner lieu à action contre l'autre.

Les démissions de biens en ligne directe n'étant pas nommément comprises dans la loi du 22 frimaire, on relève cette omission sous l'article 10 du projet. Elles doivent être rangées pour la quotité des droits dans la classe des donations en même ligne.

La loi du 22 frimaire a assujetti les dommages-intérêts en matière criminelle, correctionnelle et de police, à deux pour cent, et elle a laissé, sans doute par erreur, ceux qui se prononcent en matière civile, soumis seulement à un droit de cinquante centimes pour cent. Il n'existe aucune raison morale ni politique de maintenir cette distinction. D'ailleurs, la quotité du droit des acquisitions mobilières est de deux francs par cent : on peut considérer les dommages-intérêts comme acquisitions mobilières, et avoir, ainsi qu'il est porté sous l'article 11 du projet, une base et une fixation uniformes.

Le n°. 7 de l'article 68 de la loi du 22 frimaire, modère au droit fixe de trois francs les seuls jugemens portant résolution de contrat ou de clauses de contrat pour cause de nullité radicale. Il en résulte que ceux qui prononcent la résolution des contrats pour défaut de paiement quelconque sur le prix de la vente, sont soumis au droit proportionnel : l'article 12 du projet répare cette rigueur, et assimile avec justice les jugemens qui y sont mentionnés à ceux auxquels ils doivent être comparés par leurs effets.

Les significations d'appel sont des exploits, et les exploits sont soumis à une disposition du n°. 30 du § 1er. de l'article 68 de la loi du 22 frimaire, qui porte qu'il est dû un droit pour chaque *demandeur ou défendeur*, en quelque nombre qu'ils soient, ayant des intérêts différens. Cette disposition n'ayant pas été rappelée sous les § 4 et 5 du même article, il s'est

élevé des difficultés sur la pluralité des droits des significations d'appel daus les mêmes cas. L'article 13 du
projet fera cesser ces difficultés, en expliquant l'intention de la loi du 22 frimaire. Plusieurs fonctionnaires ministériels que la loi assujétit à une prestation
de serment de bien et fidèlement remplir leurs devoirs,
ne trouvant pas ces sortes d'actes classés parmi ceux
dont parle l'article 7 de la loi du 22 frimaire, et
qui doivent être enregistrés sur les minutes dans le
délai prescrit, ont soutenu qu'il n'y avait pas lieu de
les obliger à l'enregistrement de ces actes, lorsqu'ils
n'en requéraient pas l'expédition. L'article 14 du projet
mettra un terme à cette difficulté : il classera aussi sous
la quotité d'un droit convenable la prestation de serment
d'un avoué et celle d'un garde des barrières.

L'article 15 fixe le droit des significations d'avoués à
avoués à vingt-cinq centimes : cette fixation est proportionnée à la nature de ces actes, d'ailleurs très-
nombreux dans les procédures. La loi du 22 frimaire
n'ayant pu les désigner, puisqu'il n'existait pas d'a-
voués alors, on perçoit aujourd'hui, d'après l'article
51 de cette loi, un franc d'enregistrement pour ces
sortes de significations ; mais ce droit étant véritablement trop fort, la justice en exige la réduction
au taux proposé.

L'article 16 du projet s'explique de lui-même ; les
actes qu'il désigne doivent être soumis à l'enregistrement, et la fixation du droit est proportionnée à leur
nature.

Enfin le projet se termine par une disposition nécessaire pour simplifier la procédure dans toutes les

instances que la régie de l'enregistrement a à soutenir, et pour éviter que l'on ne regarde comme indispensable le ministère des avoués dans l'instruction de
ces instances.

Citoyens législateurs, les diverses dispositions que
présente le projet de loi ; intéressent trop la législation sur cette partie, ainsi que le trésor public et les
citoyens individuellement, pour que le gouvernement
n'attende pas avec confiance votre sanction.

ADDITIONS

AU DICTIONNAIRE

SUR

L'ENREGISTREMENT.

ACTES *judiciaires*, page 57. Doivent aussi être enregistrés sur les minutes, dans le délai de vingt jours, à peine du double droit, les actes de prestation de serment. Article 14 de la loi du 27 ventose an 9. Les présentations, les défauts et congés faute de comparoir, défendre ou conclure; art. 16.

ACTES *sous signature-privée*, pag. 59. Ceux faits antérieurement à la publication de la loi du 22 frimaire an 7, doivent acquitter les droits d'après les quotités fixées par cette loi, et les droits proportionnels se liquident sur les sommes, de vingt francs en vingt francs, comme le veut la loi du 27 ventose an 9. *Voyez* Effet rétroactif.

ACTES sujets au droit proportionnel et dont les valeurs n'excèdent pas cent francs. *Voyez* Fraction, inclusivement.

ADJOINT. *Voyez* Maires.

ADJUDICATION. *Voyez* Vente.

ADMINISTRATIONS , page 66. Toutes les dispositions de la loi du vingt-deux frimaire an sept , qui ont
été rapportées sous ce mot , sont applicables aux
fonctionnaires civils qui les remplacent ; art. 6 de la
loi du vingt-sept ventose an neuf.

Ces administrations sont remplacées par les préfets ,
sous-préfets et maires.

APPEL , page 70. La dernière disposition du numéro 30 , paragr. premier de l'article 68 de la loi du
vingt-deux frimaire an sept , qui porte qu'il est dû
un droit pour chaque *demandeur* ou *défendeur* , en
quelque nombre qu'ils soient , ayant des intérêts différens , est applicable aux actes d'appel compris sous
les paragr. 4 et 5 du même article ; art. 13 de la loi
du vingt-sept ventose an neuf.

AVOUÉS. Leurs actes de prestation de serment sont
assujettis à l'enregistrement sur le pied de 15 francs
Voyez Serment.

Et le droit des significations d'avoué à avoué , est
fixé à 25 centimes. *Voyez* Exploits.

BAIL *à ferme ou à loyer* , page 85. Le droit
d'enregistrement des baux à ferme ou à loyer , et des
sous-baux , subrogations , cessions et rétrocessions de
baux , réglé par l'article 69 de la loi du vingt-deux frimaire , paragr. 3 , num. 2 , à un franc par cent francs
sur le montant des deux premières années , et à vingt-
cinq centimes par cent francs sur celui des autres années , est réduit à soixante-quinze centimes par cent
francs sur les deux premières années , et à vingt cen-

times par cent francs sur le montant des années suivantes.

S'il est stipulé, pour une ou plusieurs années, un prix différent de celui des autres années du bail ou de la location, il sera formé un total du prix de toutes les années; et il sera divisé également, suivant leur nombre, pour la liquidation du droit; art. 8 de la loi du vingt-sept ventose an neuf.

BAIL *à moitié fruits ou par tiers*, page 91. — Des biens des mineurs, page 91. — De biens meubles, p. 92 *bis*. — Emphythéotique, pag. 92 *ter*. — De biens nationaux, page 95. Le droit se liquide ainsi qu'il est porté à l'article Bail à ferme qui précède.

CAUTIONNEMENT, page 113. Le droit d'enregistrement des cautionnemens de baux à ferme ou à loyer, sera de moitié de celui fixé par l'art. 8 pour les baux; art. 9 de la loi du vingt-sept ventose an neuf. *Voyez* Bail à ferme.

CENTIME, pag. 117. La liquidation des droits d'enregistrement doit toujours se faire sans fraction de centime. *Voyez* Fraction.

CONGÉ, page 135. *Voyez* Défaut.

CONTRAVENTION, parag. 4, page 149, parag. 5, page 150. Les dispositions de la loi du 22 frimaire an 7, rapportées sous ces deux paragraphes, et relatives aux administrations civiles et aux tribunaux alors existans, sont applicables aux préfets, sous-préfets et maires, et aux tribunaux de première instance et d'appel qui les remplacent; article 6 de la loi du vingt-sept ventose an neuf.

DATE, page 154. Pour l'enregistrement des actes

et mutations par décès d'une date antérieure à la loi du 22 frimaire, *voyez* Effet rétroactif.

DÉCLARATION. Il doit être passé déclaration des mutations verbales de propriété ou d'usufruit de biens immeubles. *Voyez* Mutation.

DÉCLARATION *de succession*, pag. 163. Les mutations par décès antérieures à la publication de la loi du vingt-deux frimaire an 7, doivent acquitter les droits d'après les quotités déterminées par cette loi, sauf à les liquider sur les sommes de vingt francs en vingt francs. *Voyez* effet rétroactif.

DÉFAUT, pag. 167. Les présentations et les défauts et congés faute de comparoir, défendre ou conclure, qui doivent se prendre au greffe, sont soumis à un droit fixe d'un franc.

Ils s'enregistrent sur les minutes ou originaux.

Le délai pour l'enregistrement est le même que celui fixé par l'article vingt de la loi du vingt-deux frimaire, pour les actes judiciaires; et les articles trente-cinq et trente-sept de ladite loi leur sont applicables; art. 16 de la loi du vingt-sept ventose an 9.

DÉFENSEURS, pag. 168. *Voyez* avoués.

DÉLAI, pag. 169; celui fixé pour l'enregistrement des actes des administrations civiles et des tribunaux existans lors de la loi du vingt-deux frimaire, doit avoir lieu pour les actes des fonctionnaires publics et des tribunaux qui les remplacent; art. 6 de la loi du vingt-sept ventose an 9.

Doivent aussi être enregistrés dans le délai de vingt jours de leur date, sous les peines portées aux articles

35 et 36 de la loi du vingt-deux frimaire, les actes et procès-verbaux de vente de prises, et de navires ou bris de navires, passés par les officiers d'administration de la marine; les actes de prestation de serment, les présentations, les défauts et congés. L'article 37 leur est applicable pour le cas qui y est prévu; art. 7 de la loi du vingt-sept ventose an 9.

DÉMISSION *de biens en ligne directe*, pag. 177. Elle est assujétie aux mêmes droits que ceux fixés pour les donations entre-vifs par l'article 69 de la loi du vingt-deux frimaire, parag. 4, n°. 1er. et parag. 6, n°. 2. Art. 10 de la loi du vingt-sept ventose au neuf.

DÉPOSITAIRES, pag. 181. Les fonctionnaires publics et les tribunaux qui remplacent les administrations civiles et les tribunaux existans lors de la loi du vingt-deux frimaire an 7, sont soumis aux mêmes obligations; art. 6 de la loi du 27 ventose an 9. *Voyez* maires.

DOMMAGES *et intérêts*, pag. 195. Le droit proportionnel est porté à deux pour cent sur le montant des dommages-intérêts en matière civile, ainsi qu'il est réglé par l'article 69 de ladite loi, parag. 5, n°. 8, pour les dommages-intérêts en matière criminelle, correctionnelle et de police; art. 11 de la loi du 27 ventose an 9.

Cet article a donné lieu à l'orateur du gouvernement, de faire au corps législatif les observations ci-après : « C'est par la plus juste des conséquences que le projet assimile, sous l'article 11,
» les dommages-intérêts en matière civile, à ceux
» prononcés en matière criminelle, correction-
» nelle et de police; celui qui obtient des intérêts
» dans le premier cas, n'a pas plus de raison de de-

» mander une exception en sa faveur que celui qui les
» obtient dans le second cas. La loi doit donc être
» rendue égale dans ces deux espèces , parce qu'elles ne
» comportent aucune différence entr'elles. Il convient
» d'ailleurs de remarquer que celui qui obtient des
» dommages - intérêts , n'éprouve point le préjudice
» qu'on a supposé , en se plaignant du taux de 2 francs
» pour 100 , puisqu'il est vrai que c'est le condamné
» qui supporte les droits dont le montant entre tou-
» jours dans les dépens , et celui qui a fait souffrir des
» dommages qu'on le condamne à réparer , ne mérite
» guères de ménagemens. »

DROITS *d'enregistrement* , pag. 210. Le droit proportionnel se liquide sans fraction en suivant les séries
de vingt en vingt francs , et il ne peut être moindre
de vingt-cinq centimes. *Voyez* fraction.

EFFET RÉTROACTIF , pag. 223. Les actes faits et
les mutations par décès effectuées avant la publication
de la loi du vingt-deux frimaire an 7 , ne devaient ,
d'après les dispositions de l'art. 73 , acquitter les droits
que conformément aux lois précédentes ; mais cette
disposition contraire aux principes constamment adoptés.
en matière de contributions directes , qui veulent que
la loi existante lors du paiement des droits , en règle
la quotité a été rapportée par l'article 1er. de la loi
du vingt-sept ventose an 9 , conçu en ces termes :

A compter du jour de la publication de la présente ,
les droits d'enregistrement seront liquidés et perçus
suivant les fixations établies par la loi du vingt-deux frimaire an 7 , et celles postérieures , quelle que soit la
date ou l'époque des actes et mutations à enregistrer,
sauf les modifications et changemens ci-après :

Nota. Ces modifications et changemens ont principalement pour objet, 1°. la liquidation du droit proportionnel par série de 20 en 20 francs, et qui ne peut être moindre de 25 centimes.; 2°. les baux et les cautionnemens fournis pour sûreté de leur exécution; 3°. et les résolutions de contrat pour défaut de paiement.

EXPERTISE, pag. 248. Dans tous les cas où les frais de l'expertise autorisée par les articles 17 et 19 de la loi du vingt-deux frimaire, tomberont à la charge du redevable, il y aura lieu au double droit d'enregistrement sur le supplément de l'estimation; art. 5 de la loi du vingt-sept ventose an 9.

Lorsqu'il y a supplément d'estimation constatée par experts, le supplément des droits, dans tous les cas, doit être acquitté, mais le double droit n'est pas indistinctement dû; il faut, pour qu'il soit exigible, que les frais d'expertise tombent à la charge du redevable, et ils n'y tombent que quand l'estimation excède au moins d'un huitième le prix porté au contrat ou la valeur énoncée dans la déclaration. *Par exemple,* un bien vendu 1200 francs, est estimé 1300 francs, il ne doit être perçu que le droit simple sur le supplément. Si l'estimation était portée à 1350 francs, non seulement le droit simple, mais encore le double droit et les frais d'expertise devraient être acquittés.

EXPLOITS, pag. 249. *Voyez* Appel. —Le droit d'enregistrement des significations d'avoué à avoué, dans le cours des instructions des procédures devant les tribunaux, est fixé à vingt-cinq centimes. Ces actes seront enregistrés dans les quatre jours de leur date , à peine de cinq francs 'd'amende pour chaque contravention , outre le paiement du droit ; art. 15 de la loi du 27 ventose an 9.

EXTRAITS , p. 261. *Voyez* Dépositaires.

FRACTION , p. 264. La perception du droit proportionnel suivra les sommes et valeurs de vingt fr. en vingt francs inclusivement et sans fraction ; art. 2 de la loi du 27 ventose an 9.

Il ne pourra être perçu moins de vingt-cinq centimes pour l'enregistrement des actes et mutations dont les sommes et valeurs ne produiraient pas vingt-cinq centimes de droit proportionnel ; art. trois.

D'après les dispositions de ces deux articles , il y a lieu , 1°. de percevoir vingt-cinq centimes pour tous les actes et mutations qui donnant lieu au droit proportionnel , ne produiraient pas cette somme d'après les quotités fixées par les différens parag. de l'art. 69 ; 2°. de liquider le droit proportionnel sur les sommes de vingt francs en vingt francs et sans fraction , de manière que pour les actes qui sont tarifés à un pour cent par le parag. trois de cet article , il doit être perçu vingt cinq centimes si les sommes sont de vingt fr. et au-dessous ; si elles excédent jusqu'à quarante fr. , il doit être perçu quarante centimes ; au-dessus de quarante fr. jusqu'à soixante fr. , il est dû soixante cent. ; ainsi du reste. Il doit en être usé de même lorsque les sommes excèdent cent francs : en supposant une obligation de deux cent six fr. , le droit doit être établi sur deux cent vingt fr., et liquidé à deux francs vingt centimes. *Voyez* Inclusivement.

GREFFIERS , p. 280. Les dispositions de la loi du 22 frimaire

frimaire an sept, rapportées sous ce mot, et relatives
aux tribunaux lors existans, sont applicables aux tribunaux conservés et à ceux de première instance et
d'appel qui les remplacent ; art. 6 de la loi du vingt-
sept ventose an 9.

INCLUSIVEMENT. Ce terme dénote que la chose
dont on parle, est comprise dans ce qu'on avance.

Ainsi, l'art. 2 de la loi du vingt-sept ventose an 9,
portant que la perception du droit proportionnel suit
les sommes et valeurs de vingt francs en *vingt* francs
inclusivement et sans fraction, il s'ensuit que vingt est
compris dans la série, et que si la somme excède vingt
francs, *par exemple* si elle s'élève à vingt francs
cinquante centimes, la seconde série est commencée,
et le droit doit être perçu comme si la somme était
de quarante fr.

INSTANCE, p. 337. L'instruction des instances que
la régie aura à suivre pour toutes les perceptions qui
lui sont confiées, se fera par simples mémoires respectivement signifiés sans plaidoirie. Les parties ne seront point obligées d'employer le ministère des avoués ;
art. 17 de la loi du vingt-sept ventose an neuf.

L'instruction devant être faite sans plaidoirie, il s'ensuit que les parties ne peuvent être entendues *verbalement* non plus que leurs avoués ; elles peuvent si-
gner et présenter leurs mémoires, et ne sont point
tenues d'employer à cet effet le ministère des avoués,
ce qui déroge à l'article 94 de la loi du vingt-sept
ventose an huit, sur l'organisation judiciaire.

On observe que dans les mémoires d'introduction
d'instances il faut conclure au réglement des droits à

Troisième année.   14

percevoir d'après les quotités déterminées par la nouvelle loi , quoique l'acte soit antérieur à celle du 22 frimaire an 7 ; mais s'il s'agissait de droits perçus dont on demanderait la restitution, ou d'un supplément de droit sur des actes enregistrés, la restitution ou le paiement du supplément ne pourraient être ordonnés que conformément aux lois qui ont déterminé la perception.

On ajoute que pour les instances engagées, et qui ne se trouveraient pas encore jugées lors de la publication de la nouvelle loi, si, dans les mémoires remis au nom de l'administration, on avait présenté une liquidation de droits conforme aux lois qui ont précédé celle du 22 frimaire an 7 , il y aurait lieu de remettre un nouveau mémoire en changeant les conclusions.

JUGEMENS , p. 360. *Voyez* Dommages et intérêts , Résolution.

JUGES , pag. 362. Les tribunaux actuels sont soumis aux mêmes obligations qui étaient imposées aux tribunaux existant lors de la publication de la loi du 22 frimaire an 7 ; art. 6 de celle du vingt-sept ventose an 9.

MAIRES *et adjoints.* La loi du vingt-sept ventose an 9, leur applique les dispositions de celle du vingt-deux frimaire an 7 relatives aux administrations municipales et secrétaires de ces administrations qu'il remplacent ; ainsi, ils sont tenus de faire enregistrer leurs actes soumis à cette formalité, d'en tenir un répertoire, de délivrer au receveur de l'enregistrement, tous les trois mois, le relevé des actes de décès , etc. , sous les peines portées par cette loi.

MUTATION , pag. 401. L'article 12 de la loi du 22

frimaire an sept autorisait la demande des droits pour
toutes mutations de propriété ou d'usufruit de biens
immeubles, même pour celles dont il n'existait pas
d'actes ; il restait à décider si ces transmissions verbales étaient soumises à la peine du double droit prononcée par l'art. 38, qui ne parlait que des actes sous
signature privée. L'art. 4 de la loi du vingt-sept ventôse an neuf, décide cette question en ces termes :

« Sont soumises aux dispositions des articles 22 et
38 de la loi du 22 frimaire, les mutations entre-vifs
de propriété ou d'usufruit de biens immeubles, lors
même que les nouveaux possesseurs prétendraient qu'il
n'existe pas des conventions écrites entre eux et les
précédens propriétaires ou usufruitiers.

» A défaut d'actes, il y sera suppléé par des déclarations détaillées et estimatives, dans les trois mois
de l'entrée en possession, à peine d'un droit en sus.

Dans la discussion au tribunat, l'on a marqué des
inquiétudes sur l'effet de cet article ; mais l'orateur du
gouvernement a fait connaître, dans son discours au
corps législatif, que la disposition n'avait pour objet
que de faire cesser les difficultés élevées par les nouveaux possesseurs qui se prétendent acquéreurs par convention verbale, de prescrire la manière de suppléer au
défaut de représentation du titre, et de soumettre également ces mutations à l'enregistrement, dans un délai
fixe, à peine du droit en sus. Il a ajouté qu'il ne s'agissait nullement des baux à ferme dont parle l'article 13
de la loi du 22 frimaire an 7, auquel il n'est apporté
aucun changement. On ne peut, en effet, demander les
droits des baux, qu'autant qu'on a la preuve qu'ils
existent en vertu d'une convention écrite.

PAIEMENT, page 432. Il a été indiqué sous ce titre par qui les droits d'enregistrement devaient être acquittés. Les fonctionnaires publics et les tribunaux qui remplacent les administrations civiles et les tribunaux existans lors de la loi du 22 frimaire an 7, sont soumis aux mêmes obligations ; article 6 de la loi du vingt-sept ventose an neuf.

PRÉFET. *Voyez* administrations.

PRESTATION *de serment. Voyez* Serment.

PRIX *pour la liquidation du droit*, p. 445. *V.* Fraction.

. RÉSOLUTION *de contrat*, page 488. Les jugemens portant résolution de contrats de ventes pour défaut de paiement quelconque sur le prix de l'acquisition, lorsque l'acquéreur ne sera point entré en jouissance, ne seront assujettis qu'au droit *fixe* d'enregistrement, tel qu'il est réglé par l'article 68 de la loi du 22 frimaire, parag. 3, n°. 7, pour les jugemens portant résolution de contrats pour cause de nullité radicale ; article 12 de la loi du vingt-sept ventose an neuf.

Pour qu'il y ait lieu à l'application de cet article, il faut deux conditions ; l'une, que l'acquéreur ne soit pas entré en jouissance ; l'autre, qu'il n'ait payé aucune partie du prix. S'il est entré en possession, ou s'il a fait quelque paiement, quand même ce ne serait qu'un pot-de-vin, le droit est dû comme rétrocession, à raison de 4 pour 100, conformément à la loi du 22 frimaire an 7.

RÉTROCESSION, p. 493. *V.* Bail à ferme. Résolution.

SECRÉTAIRES *des administrations centrales et municipales*, page 498. Les secrétaires de préfecture, les sous-préfets, les maires, sont soumis aux dispositions de la loi du 22 frimaire an 7, relatives aux secrétaires des administrations centrales et municipales lorsqu'ils remplissent les fonctions qui leur étaient attribuées ; article 6 de la loi du vingt-sept ventose an 9.

SOUS-PRÉFETS. *Voyez* Administrations.

SOUS-BAIL. *Voyez* Bail à ferme.

SERMENT, pag. 507. Les actes de prestation de serment sont soumis à l'enregistrement sur les minutes, dans les vingt jours de leur date, sous les obligations et peines portées aux articles 35 et 37 de la loi du 22 frimaire an 7.

Ceux des avoués sont classés parmi les actes de cette nature compris sous le n°. 4 du sixième parag. de l'article 68. Ceux des gardes des barrières le sont sous le n°. 3 du troisième paragraphe du même article ; article 14 de la loi du vingt-sept ventose an neuf.

SIGNIFICATION. *Voyez* Appel.

SUBROGATION *de bail*. *Voyez* Bail à ferme.

VENTE, page 548. Les actes et procès-verbaux de vente de prises, et de navires ou bris de navires, faits par les officiers d'administration de la marine, seront soumis à l'enregistrement dans les vingt jours de leur date, sous la peine portée aux articles 35 et 36 de la loi du 22 frimaire an 7.

L'article 37 leur est applicable pour le cas qui y est prévu ; article 7 de la loi du vingt-sept ventose an 9.

VENTES *verbales* de propriété ou d'usufruit de biens immeubles. *Voyez* Mutation.

ART. 740.

ENREGISTREMENT.

RATIFICATION D'ACTE.

La quittance insérée dans un acte de rati-
fication, pour prix de la convention ra-
tifiée, donne-t-elle ouverture à un droit
particulier ?

La ratification et la quittance forment, dit-
on, deux dispositions distinctes et séparées qui
peuvent être convenues par des actes différens et
donnant ouverture à deux droits distincts.

Il n'est pas douteux qu'on ne puisse séparer
l'acte de ratification de celui de la quittance ;
mais toutes les fois qu'un vendeur reçoit le prix
de l'objet vendu, que celui pour lequel un tiers
a agi reçoit le prix de la chose cédée ou vendue,
il y a nécessairement ratification tacite de la
convention, et dans ce cas, que la ratification
soit ou non exprimée, elle dérive nécessairement de la quittance, comme la main-levée
d'opposition contenue dans une quittance.

Nous pensons donc que la décision que nous
avons rapportée article 318, à l'égard des main-
levées d'opposition, doit recevoir son application à l'espèce.

A R T. 744.

CESSION DE CRÉANCES A TERME.

Comment doit-on liquider le droit d'enre-
gistrement d'une cession de la nue pro-
priété d'une créance de 7,400 francs,
faite moyennant 4,200 , à un mari dona-
taire en usufruit des biens de sa femme ?

Pour établir la liquidation des droits de cette
cession il y a lieu de faire l'application de plusieurs articles de la loi.

Suivant le numéro 2 de l'article 14 , le droit
des cessions et transports de créances à terme
doit se liquider , *par le capital exprimé dans*
l'acte, et qui en fait l'objet. Ces expressions si-
gnifient clairement que le droit doit être assis
sur le montant de la créance et non sur le prix
stipulé. Ainsi décidé par le ministre des finances
le 8 germinal an 8.

S'il s'agissait de la cession en propriété et usufruit d'une créance, il n'y aurait donc aucun
doute , ce serait sur le capital que la perception
devrait être établie , quelque fut le prix stipulé.

Mais dans l'espèce il n'a été cédé que la nue
propriété ; le cessionnaire est usufruitier , il a acquitté l'enregistrement pour raison de son usufruit, il ne peut donc être tenu d'acquitter le

droit sur la valeur entière ; le numéro 8 de l'article 15 fonde cette opinion.

Puisque le prix stipulé ne peut servir de base, et que le droit ne peut être assis sur la valeur entière, sur quel capital y a-t-il donc lieu de l'établir ? Le nombre 11 de l'article 14 décide implicitement cette question ; il porte que l'usufruit de biens meubles transmis à titre gratuit s'évalue à la moitié de la valeur entière de l'objet.

Ainsi, le cessionnaire justifiant avoir acquitté pour son usufruit l'enregistrement sur la moitié de la créance, il ne doit payer le droit de la cession que sur l'autre moitié, parce qu'en résultat il ne peut être assujetti qu'à acquitter l'enregistrement sur la valeur entière ; d'où il résulte qu'il ne doit être perçu que 37 francs, quoique le prix soit de 4200 francs. La raison en est, comme nous l'avons dit ci-devant, que le prix, lorsqu'il s'agit de cession de créance, ne peut, dans aucun cas, servir de base pour la liquidation.

ART. 745.

JUGEMENT.

Un jugement contient à-la-fois des dispositions sujettes à l'enregistrement sur la minute, et des dispositions soumises à cette formalité, seulement sur l'expédition.

Les droits résultant de ces différentes dispo-

sitions doivent-ils indistinctement être perçus
sur la minute ?

Oui , sans doute : toutes les fois qu'un acte
contient plusieurs dispositions indépendantes ,
il est dû pour chacune d'elles et selon son espèce ,
un droit particulier ; celui , par exemple , résultant d'un jugement qui contiendrait à-la-fois
autorisation , renvoi d'instance et condamnation
à une somme , c'est-à-dire, deux dispositions sujettes à l'enregistrement sur la minute , et une
soumise à la formalité sur l'expédition , devrait
sans difficulté être perçue sur la minute , parce
que l'on ne peut pas scinder un acte , et que
dans l'espèce , le troisième droit serait infailli-
blement perdu , si , comme il arrive très-fré-
quemment , les parties ne faisaient pas usage de
l'expédition.

Cette opinion est d'autant plus fondée , que,
d'après l'article 8 de la loi du 22 frimaire , il
n'est dû aucun droit d'enregistrement pour les
expéditions des jugemens qui ont reçu la
formalité sur la minute , et il en résulte
que , si on ne percevait pas le droit sur
toutes les dispositions d'un jugement dont
la minute est soumise à la formalité , tous les
droits qu'on se réserverait de percevoir, seraient
éludés.

ART. 746.

VENTE D'UN DROIT EMPHYTÉOTIQUE.

Cession du domaine utile d'un bien tenu à emphyteose perpétuelle , avec condition que le cédant justifiera du consentement du propriétaire du domaine direct. Est-il dû 4 pour cent avant l'obtention du consentement ?

Pour décider cette question il faut définir l'emphyteose perpétuelle dans sa véritable acception , et telle qu'elle existe dans les départemens de la république de la rive gauche du Rhin.

L'emphyteose perpétuelle , ainsi que nous l'avons dit page 76 de notre ouvrage sur les domaines engagés , est de droit romain , et se reconnaît à 4 caractères ,

1°. Distinction entre le domaine direct et le domaine utile , translation de celui-ci entre les mains du preneur , à condition d'améliorer le fonds , avec le droit de transmettre ce domaine à ses héritiers·quelconques , *et de le vendre en prévenant le propriétaire du domaine direct* ;

2°. Prestation d'un canon ou fermage et uniforme sans aucune réduction ;

3°. Prestation du droit de *Landemium* ou droit de reprise en cas de vente , payable par le nouvel acquéreur au propriétaire du domaine direct ;

4°. Enfin , *droit de préférence* compétent à ce dernier en cas de vente.

De cette définition , il résulte que le propriétaire du domaine direct peut réunir le domaine utile en remboursant au cessionnaire le prix de la cession , et que jusqu'à ce qu'il ait renoncé à cette réunion le cessionnaire peut être évincé.

Ces motifs suffisent-ils pour suspendre la perception du droit de 4 pour cent jusqu'à la renonciation au droit de préférence ?

Pour soutenir l'affirmative , quelques - uns s'appuyent des dispositions de l'article 4 de la loi du 22 frimaire an 7 , et disent , puisque la transmission n'est pas complette , le droit proportionnel n'est pas exigible. Ils invoquent de plus le jugement du tribunal de cassation , rapporté , article 517 de nos instructions décadaires , relatif aux jugemens d'expropriation forcée dont on a formé appel.

Ni l'un ni l'autre de ces motifs ne nous paraît applicable à l'espèce , et ce serait ouvrir la porte à la fraude que d'adopter l'opinion qu'ils basent , car il en résulterait qu'il dépendrait du propriétaire du domaine direct s'il était d'accord avec le propriétaire du domaine utile, de suspendre indéfiniment la perception du droit proportionnel, sans qu'il fût possible au receveur de savoir s'il a ou non donné son consentement, ce qui ne peut être dans le vœu de la loi.

Il y a plus : dans l'espèce dont il s'agit, le cessionnaire entre en jouissance du moment du contrat, au lieu que dans celle du *jugement* du tribunal de cassation, sur lequel on s'appuie, l'adjudicataire en vertu d'un jugement d'expropriation forcée, ne peut se mettre en possession, et ne retire aucun profit de l'objet acquis, avant le jugement du tribunal d'appel, d'où il suit que les motifs qui ont dispensé du droit proportionnel les adjudicataires sur expropriation forcée dont est appel, militent pour que ce droit soit exigé du moment du contrat dans les ventes dont il est question.

Le droit de préférence n'est ici qu'une espèce de retrait féodal ou linéager dont les seigneurs et les parens du vendeur jouissaient autrefois dans certaines contrées. A-t-on jamais imaginé de contester par ce motif la perception du centième denier, et conteste-t-on encore le droit de 4 francs par 100 francs sur les ventes à pacte de réméré? Non sans doute. L'emphiteose emporte aliénation du domaine utile ; le preneur peut l'aliéner ; l'acte par lequel il exerce ce droit emporte mutation, sauf l'exercice du droit de préférence. Ainsi, quoique le propriétaire du domaine direct, ait le droit d'y réunir le domaine utile, nous pensons que jusqu'à ce qu'il exerce ce droit, l'acquéreur est entièrement propriétaire comme l'acquéreur à pacte de réméré, et par conséquent que le droit proportionnel est dû, sauf à ne percevoir que 50 centimes par 100 francs sur l'acte par lequel serait effectué cette réunion ou ce retrait.

Le droit de 4 pour 100 est dû non-seulement sur le prix payé par le cessionnaire, mais encore sur le principal au denier 20 du fermage ou canon emphytéotique.

ART. 747.

DONATION ENTRE-VIFS.

Jugement portant résolution d'un acte de donation entre-vifs d'immeubles.

Par un contrat en forme, un particulier a fait don à une personne non parente d'un immeuble, à la charge qu'il lui paierait une rente exprimée dans l'acte.

Cette rente a été servie plusieurs années, et le donataire a joui des biens.

Mais depuis il a cessé de payer cette rente, et un tribunal, sur la demande du donateur, a annullé la donation.

Il s'agit de régler la quotité du droit d'enregistrement de ce jugement.

Les parties conviennent, dans l'espèce, que le droit proportionnel est dû.

Mais elles prétendent que ce droit doit être fixé à 4 pour 100 comme rétrocession.

On pense, au contraire, qu'il doit l'être comme résolution d'un acte de donation, et dès-lors que la perception doit être réglée sur ce jugement comme elle l'a été pour la donation, en supposant que le droit ait été perçu régulièrement et conformément à la loi. Le donateur et le donataire n'etant point parens, le droit est de 5 pour cent.

On étaie la première opinion sur les dispositions du nombre 1er. de l'article 69, §. 7 de la loi du 22 frimaire, qui comprend parmi les actes soumis au droit de 4 fr. pour 100 fr., les ventes, reventes, cessions, *rétrocessions*, et tous autres *actes civils ou judiciaires*, *translatifs de propriété* ou d'usufruit de biens immeubles, à *titre onéreux* : et l'on soutient que le donataire, renonçant à la donation pour être déchargé de la rente ou le jugement équivalant à cette renonciation, l'acte ne peut être considéré que comme rétrocession ; qu'il n'est pas possible de voir dans ce jugement une donation, puisque le donataire n'a pas l'intention de gratifier le donateur, d'où, selon eux, il résulte qu'il n'est dû pour ce jugement que le droit de 4 pour cent.

Mais, 1°. le donataire peut, dans ce cas, conserver l'immeuble, en acquittant la rente ; ainsi, sous ce rapport, il y a renonciation de sa part à la donation.

2°. Pour que le droit de 4 pour cent fût exigible sur le jugement, il faudrait, d'après la loi, que la rétrocession qu'il opère, fût à *titre onéreux*. Or, elle ne l'est pas, puisqu'il n'y a point de prix stipulé ni de charges ajoutées à la donation.

3°. Le jugement n'est qu'une résolution de l'acte de donation ; cette résolution n'opère ni le droit fixe de 3 fr , puisqu'elle n'a point pour cause une nullité radicale ; ni celui fixe d'un franc, puisqu'il ne s'agit pas d'un résiliement pur et simple, fait par acte authentique, dans les 24 heures de l'acte résilié. La quotité du droit proportionnel à percevoir est celle que la loi indiquait pour la donation.

Au reste, si dans le cas proposé, le droit est de 5 francs pour cent au lieu de 4 francs pour cent, il est plus avantageux pour les donations en ligne directe, etc. : et ce n'est pas par ces considérations, mais d'après les principes qu'il faut se déterminer. (*Opinion des rédacteurs.*)

A R T. 748.

E X P L O I T D'A F F I C H E.

Les procès - verbaux d'affiches, dans plu- sieurs communes, doivent - ils autant de droits qu'il y a de communes désignées dans l'exploit ?

Un receveur a perçu sur un acte de l'espèce autant de droits qu'il y avait de communes dési- gnées dans le procès-verbal, il se fonde sur ce que le fait de l'apposition d'une affiche dans une commune est indépendant de celui de l'apposi- tion dans une autre commune ; que les faits ne dérivent pas les uns des autres ; que chaque ap- position pourrait être constatée ou certifiée par un exploit ou procès-verbal séparé, et qu'enfin la faculté accordée à l'huissier de constater les faits différens par un seul exploit, ne doit pas nuire à la perception.

Cette perception n'est pas fondée ; l'acte d'huissier

d'huissier qui constate l'apposition d'affiches volontaires ou ordonnées par justice , n'est en soi
qu'un simple certificat qui atteste que des affiches
ont été mises , il doit le droit de l'enregistrement comme simple exploit et non sur le nombre
des affiches apposées : d'ailleurs , tout particulier a le droit de faire mettre des affiches an-
nonçant des ventes d'objets mobiliers ou d'immeubles dans tous les lieux publics que chaque
commune destine à cet usage ; et quand les affiches sont mises en vertu de jugement , la disposition du jugement qui ordonne, porte toujours qu'elles seront apposées aux lieux accou-
tumés , et l'exploit qui constate l'apposition ne
fait que certifier le fait d'exécution du jugement:
cet exploit ne doit pas plutôt un droit pour
chaque commune où l'exposition a été faite ,
que pour chaque lieu de la même commune où
l'affiche a été apposée , et il n'est dû plusieurs
droits que lorsque les affiches sont apposées à la
requête de plusieurs personnes ayant des droits
et intérêts distincts.

A R T.   749.

P A R T A G E.

*Dans le partage d'une succession , l'on a
formé deux lots : le premier est composé*

de tous les biens propres du défunt , qui se trouvent grevés d'un usufruit ; le second lot comprend tous les biens acquets, libres de toute charge. L'estimation de ces deux parties d'immeubles faite par les co-partageans se trouve portée à égale somme , sans évaluation particulière de l'usufruit ?

On a prétendu appliquer à cet acte de partage , la règle prescrite pour les acquisitions à titre onéreux , par l'article 15 du tarif, sous le motif que l'un des co-partageans se trouvera , lors de la réunion de l'usufruit , avoir un lot plus fort en valeur que celui de son cohéritier , et que cette mieux value est censée opérer une soulte à la charge de ce dernier, qui reçoit d'autant moins dans le partage.

Cette prétention n'est pas fondée. Le percepteur n'est autorisé par la loi à joindre la valeur de l'usufruit à celle de la nue propriété , que dans le seul cas d'acquisition ou transmission à titre onéreux. Ici il n'y a ni acquisition ni soulte. Les deux lots partagés sont égaux en valeur. On ne peut , pour supposer une soulte , faire entrer la valeur de l'usufruit de l'un des lots , puisque cet usufruit n'en fait pas partie. Mais, dit-on, la réunion s'opérera par la suite

au profit de ce co-partageant, et il doit payer
pour l'usufruit comme pour la propriéte, d'a-
près le principe qui assujettit tout nouveau
possesseur au droit proportionnel sur la valeur
entière de l'objet. Ce principe est mal appliqué
dans la circonstance ; ce n'est pas sur le partage que la perception relative à l'usufruit réservé doit être faite. Elle l'a été pour la succession même, lors de la déclaration des héritiers, qui ont dû comprendre les objets sur
le pied de leur valeur totale et sans déduction de l'usufruit qu'ils doivent réunir un jour.
Ce paiement du droit, fait par les co-héritiers
indivis, est censé l'être en résultat par chacun
d'eux pour les biens qui lui échoient par
le partage. Le co-partageant qui a dans
son lot les biens sujets à l'usufruit, n'a donc
pas de nouveau droit à acquitter pour cet
objet.

A R T. 750.

A M E N D E S.

Celles prononcées contre des détenus,
pour défaut de comparution devant les
bureaux de paix pendant leur détention,
ne peuvent étre remises ?

Le préfet du département de l'Orne a

soumis au ministre des finances une question
de cette nature , il a exposé que l'individu
contre lequel l'amende a été prononcée , était
détenu ou en fuite à l'époque où il a été cité
devant les tribunaux ; que conséquemment ,
il n'avait eu aucune connaissance des poursuites dirigées contre lui ; qu'il a ignoré les
condamnations qui en ont été la suite.

Le ministre lui a répondu , le 28 frimaire
an 9 , que quelque fâcheuse qu'ait été la position du condamné , il n'était pas en son
pouvoir d'accorder la décharge des amendes
dès qu'elles avaient été prononcées , qu'il aurait
dû profiter de la loi du 16 germinal an 3, pour
se pourvoir dans le délai qu'elle a fixé pour
faire infirmer le jugement s'il y avait lieu.

Il résulte de cette réponse que toutes les fois
qu'il existe un jugement de condamnation , les
réclamations de cette nature doivent être portées devant les tribunaux ; il n'est pas au pouvoir du ministre des finances de modifier les
dispositions des jugemens , c'est donc inutilement qu'on s'adresse à lui ou aux corps administratifs, pour obtenir la remise ou décharge
des amendes dont la condamnation est prononcée.

ART. 751.

DOMAINES NATIONAUX.

COMPENSATION.

Les fermages et arrérages de ferme de domaines na-
tionaux peuvent-ils être compensés avec une
créance sur l'état ?

Non. Les lois des 24 août 1793 et 24 frimaire an 6,
ont autorisé les créanciers de la république qui seraient
en même-tems ses débiteurs, à se libérer par la compensation de leurs créances. Mais elles s'appliquent uniquement aux capitaux de créances de même nature que
les capitaux avec lesquels elles en autorisent la compensation ; or, les fruits de domaines nationaux et autres
revenus de l'état ne sont pas de même nature que les
créances, et la loi du 9 fructidor an 5 concernant les
arrérages des prix de baux, a prescrit que les arrérages
seraient acquittés en numéraire d'après la liquidation
qui en aura été faite suivant le mode qu'elle a déterminé.

Il n'y a donc pas lieu de compenser une créance sur
l'état avec des fermages de domaines nationaux.

(Décision du ministre des finances, du 1er. ventose
an 9.)

ART. 752.

PRESBITÈRES,

Les presbytères doivent-ils être régis comme do-
maines nationaux par l'administration de l'en-
gistrement ?

Un décret du 25 brumaire an 2 avait destiné les

presbytères situés dans les communes qui auraient renoncé au culte public, ou leurs produits au soulagement de l'humanité souffrante et de l'instruction publique.

Par suite de ce décret, la majeure partie des communes s'était emparée des presbytères et les considérait comme ses propriétés. Cependant les dispositions du décret du 25 brumaire an 2 avaient été implicitement rapportées par la loi du 3 brumaire an 4, qui affectait ces maisons au logement des instituteurs.

Depuis, ils avoient été compris par suite d'un décret d'ordre du jour dans les domaines soumissionnables, aux termes de la loi du 28 ventose an 4.

Une loi du 26 fructidor an 5 a fixé la législation sur ce point. Elle porte qu'il sera sursis à la vente des presbytères jusqu'à ce que les administrations aient déterminé ceux de ces bâtimens qu'il serait utile de conserver, soit pour servir à loger les instituteurs des écoles primaires, soit pour autre service public, et que ce travail terminé, tous les presbytères dont il n'aura pas été disposé seront vendus comme les autres domaines nationaux. La question ne peut donc aujourd'hui faire de doute.

Les presbytères dont il n'a point été disposé pour un service public, font partie des domaines nationaux, et doivent être régis comme tels par l'administration de l'enregistrement.

A R T. 753.

E N R E G I S T R E M E N T.

V E N T E D'I M M E U B L E S.

Une convention aléatoire entre deux ac-
quéreurs d'un immeuble, peut-elle influer
sur la perception des droits d'enregistre-
ment ?

La réponse à cette question , qui forme
l'article 717 de ces Instructions , a donné lieu
à l'un de nos abonnés de nous faire les observations suivantes :

« Deux particuliers acquièrent ensemble un
domaine, moyennant une somme de 12,000 fr.
sur laquelle l'un d'eux paye 8,000 francs , et
l'autre 4,000 francs. Il est convenu que le
premier jouira seul pendant sa vie , de ce domaine , et que s'il survit, la propriété lui en
appartiendra également , mais que dans le cas
où il prédécéderait , la jouissance et la propriété
appartiendraient au second.

» Votre avis est que le droit d'enregistrement
de cet acte ne doit être perçu que sur 12,000 fr.,
à raison de 4 pour 100 , et que la convention
particulière, que vous qualifiez de purement aléatoire, ne présentant ni réserve d'usufruit, ni acquisition de l'usufruit par l'un , et de la propriété par

l'autre, il ne peut rien être ajouté au prix stipulé.

,, Je pense comme vous, citoyens, qu'il n'y a rien à ajouter au prix stipulé; mais que la convention faite entre les deux acquéreurs n'est autre chose qu'une donation entre-vifs, réciproque et éventuelle au profit du survivant, laquelle étant indépendante et ne dérivant pas nécessairement de la disposition principale, doit être assujettie au droit fixe de 3 francs, comme toutes les dispositions soumises à l'événement du décès, conformément au nombre 5 du paragr. 3 de l'art. 68 de la loi du 22 frimaire, et qu'il doit être fait réservé du droit proportionnel, qui sera dû lors de l'événement, à raison de 5 pour 100 sur 8,000 fr. ou 4,000 fr. suivant le prédécès de l'un ou de l'autre. ,,

Telle est, C., mon opinion, je vous la soumets.

Réponse des Rédacteurs.

Par l'objection qui nous est faite, l'on ne conteste pas que la convention dont il s'agit, ne soit aléatoire, conséquemment, elle ne peut emporter en soi un principe de libéralité. Mais en supposant pour un instant qu'elle pût être envisagée comme un acte de libéralité, il ne serait point exact de dire que si Alexandre prédécédait, Charles devrait le droit proportionnel sur 8,000 francs ; la raison en est qu'Alexandre, en vertu du contrat, ayant eu l'usufruit pendant sa vie , sa donation serait seulement de 4,000 francs , parce que l'usufruit qu'il aurait eu devant s'évaluer au tiers de la valeur entière, ou, ce qui revient au même, à la moitié de la nue propriété , cet usufruit devrait être précompté sur le pied de 4,000 francs; d'où il suit, que pour courir la chance d'avoir, et la propriété et la jouissance au décès de Charles , il ne paye véritablement que 4,000 fr.; de même que Charles , pour avoir cette propriété et jouissance , s'il survit à Alexandre , ne paye aussi que 4,000 francs. L'objection présente donc une erreur à cet égard.

Elle n'est pas mieux fondée quant au fond. Le contrat dont il s'agit est intéressé de part et d'autre , chacun des contractans ne s'y propose que son intérêt propre , et n'entend point accorder un bienfait à l'autre ; l'immeuble que l'un d'eux doit avoir n'est pas l'équivalent seulement d'une chose qu'il ait donnée , mais l'équivalent et de ce qu'il a donné *et du risque qu'il doit courir*. C'est ce qui caractérise les contrats aléatoires.

Il y a deux espèces de contrats aléatoires. Les uns sont ceux par lesquels il n'y a que l'une des parties contractantes qui s'expose à un risque au profit de l'autre partie, qui lui paye ou s'oblige de lui payer le prix de ce risque , sans

qu'elle s'expose réciproquement à aucun risque.
Tel est le contrat d'assurance.

Les autres contrats aléatoires sont ceux par
lesquels chacune des parties se charge réciproquement d'un risque, qui est le prix de celui
dont l'autre se charge. De ce nombre, est le
contrat à rente viagère; tel est aussi le contrat
dont il s'agit. Par celui-ci, chacune des parties
court le risque de perdre la somme qu'elle a
payée, et l'immeuble est le prix de ce risque ;
c'est entr'elles un jeu de loterie, si l'une doit
gagner 4,000 francs, c'est parce qu'elle a couru
le risque de perdre pareille somme. Il n'y a là
et ne peut y avoir ni don ni libéralité, ni
bienfaisance, par conséquent point de droit
fixe à percevoir lors de l'enregistrement du
contrat, ni droit proportionnel à l'évènement.
C'est en vertu du contrat d'acquisition que l'un
et l'autre des contractans tiennent leur droit de
propriété, et lorsque le sort décidera auquel des
deux elle doit rester, il n'y aura pas de mutation nouvelle.

A R T.   754.

RÉSILIATION DE BAIL A FERME.

*Un jugement porte résiliement d'un bail
faute du paiement du prix et pour cause
de détérioration. Quel est le droit à
percevoir ?*

Un domaine avait été affermé pour neuf

ans, le preneur avait joui cinq années, mais depuis plus d'un an il ne payait pas de fermage, il avait même détérioré l'objet loué. Le bailleur s'est pourvu devant le tribunal, et par ces motifs a demandé la résiliation du bail, qui a été prononcée.

On demande si ce jugement opère un droit proportionnel, comme rétrocession de bail sur les quatre années qui restaient à courir, ou seulement un droit fixe.

Le propriétaire ne donne à bail qu'à la charge de payer le loyer et d'entretenir le bien en bon état. Si le preneur ne remplit pas ces deux obligations, l'exécution du contrat cesse, et le propriétaire rentre purement et simplement dans sa propriété. Le droit proportionnel ne peut donc être exigible dans cette espèce.

A R T. 755.

SIGNIFICATIONS D'AVOUÉS A AVOUÉS.

Les significations d'avoués à avoués, donnent-elles lieu à plusieurs droits, lorsqu'elles sont faites à plusieurs de ces fonctionnaires ?

Ces significations étaient passibles du droit fixe d'un franc, avant la loi additionnelle du

27 ventose dernier : ce droit a été modéré à
25 centimes, par l'article 15 de cette dernière
loi ; mais cette modération n'empêche pas la
pluralité des droits pour les significations faites
à plusieurs avoués. Le n°. 3o du paragr. premier de l'article 68 de la loi du 22 frimaire,
qui est le corrélatif de l'article 15 de la nouvelle loi additionnelle, doit continuer d'être
suivi, puisqu'il comprend nommément les significations. Or, il établit formellement la
pluralité des droits dans les cas qui y sont
exprimés. Ainsi, il est dû pour les significations
dont il s'agit, autant de droits de 25 centimes
qu'il y a d'avoués auxquels ces significations
sont faites.

(*Opinion des Rédacteurs.*)

ART. 756.

TESTAMENT.

*Disposition testamentaire d'un mari en
faveur de sa femme, qui autorise celle-
ci à garder la propriété d'un immeuble
provenant de conquêts de leur communauté, et ce, à compte de ses reprises ?*

Deux époux ont acquis une maison pendant leur communauté. Le mari veut, par son
testament, que la moitié qui pourrait être
réclamée par ses héritiers ; appartienne à sa

femme , à la charge par elle d'en imputer la valeur sur ses reprises jusqu'à due concurrence.

On a pensé , d'une part , qu'il était dû 4 francs par 100 francs , comme vente ou cession sur la déclaration de l'épouse survivante ; de l'autre , qu'il n'était dû que 2 francs 5o centimes par 100 francs , comme transmission par décès entre époux.

Nous ne partageons ni l'une ni l'autre de ces opinions : nous estimons que l'épouse survivante n'est pas tenue de déclarer ni d'acquitter aucun droit , cette disposition n'étant point un avantage et étant inutile. En effet , l'épouse n'ayant pas renoncé à la communauté , avait le droit , sans la disposition de son mari , de prendre avant partage , à titre de prélèvement , et jusqu'à due concurrence de ses reprises , la moitié de la maison dont il s'agit , comme tout autre effet de la communauté. Si cette délivrance lui avait été faite par l'acte de liquidation de la communauté , elle n'aurait pas opéré de droit particulier. Si elle eut été faite par un autre acte , il n'était dû que le droit fixe de 3 francs , réglé pour les partages ; contenue dans un testament , elle n'opère aucun droit.

Nos lecteurs sont priés de voir les observa-

tions que nous avons insérées au mot *Remploi*
de notre Dictionnaire sur l'Enregistrement, et
aux articles 160 et 169 des Instructions Décadaires, où nous avons établi les principes sur
lesquels est fondée l'opinion que nous venons
d'énoncer.

A R T. 757.

DÉCLARATION POUR SUCCESSION PAR UN ENFANT ADOPTIF.

*Quel est le droit à percevoir sur la décla-
ration faite par un enfant adoptif ?*

A., célibataire, a adopté C. pour son fils,
il l'a en outre institué pour son héritier. A
n'avait que des parens éloignés, et C, en sa
seule qualité d'héritier testamentaire, serait
fondé à recueillir la totalité de la succession,
conformément à la loi du 4 germinal an 8. Il
a fait sa déclaration en la double qualité d'enfant adoptif et d'héritier testamentaire.

Les effets de l'adoption ne sont déterminés
par aucune loi, et suivant celle du 16 frimaire an 3, tout doit rester en dépôt jusqu'à
la promulgation du code civil. Il ne faut cependant pas conclure de cette loi que l'enfant
adopté puisse être considéré comme héritier
collatéral. Il est, par une fiction de droit,
reconnu pour fils de celui qui l'a adopté, et il

peut y avoir d'autant moins de doute sur sa qualité de successeur direct , que dans les pays où l'adoption existait , l'enfant adopté concourait avec les enfans naturels et légitimes.

Ce principe reconnu, les droits d'enregistrement de la déclaration dont il s'agit , doivent être liquidés à raison de 25 centimes par 100 fr. sur la valeur des meubles , et d'un franc par 100 francs sur celle des immeubles, suivant les articles 69 , paragr. premier et trois de la loi du 22 frimaire an 7.

L'administration a rendu plusieurs solutions conformes dans l'espèce.

ART. 758.

Usufruit. Bail. Vente.

Sur quel pied doit-on liquider le droit d'enregistrement d'une vente d'usufruit pendant huit ans , faite moyennant 1600 francs , payé comptant ?

Cette vente transmet irrévocablement à l'acquereur le droit de jouir pendant huit ans ; il ne peut être dépossédé dans les cas prévus par les lois *œde et emptorem* , conséquemment l'acte n'est pas translatif d'une simple jouissance, mais d'un usufruit assujetti au droit de quatre pour cent.

Ce motif ne nous paraît pas suffisant pour autoriser une pareille perception. Dans un acte où l'on aurait adopté la forme ordinaire d'un bail, l'on peut faire renoncer par le bailleur au bénéfice de ces lois, ce qui produit le même effet que la vente de la jouissance pour un tems limité, et cependant cette renonciation n'influe nullement sur la perception Lorsque le droit de jouir est limité à un certain nombre d'années, qu'il soit plus ou moins assuré, la loi sur l'enregistrement n'y considère qu'une transmission de jouissance, et d'après ces principes, pour constituer un usufruit, il faut que la durée de la jouissance soit illimitée et communément elle a lieu pendant la vie de l'usufruitier. Ainsi nous estimons que le droit de cet acte doit être liquidé sur le pied réglé par l'article 69, § 3, n°. 2 de la loi du 22 frimaire an 7, à raison de 200 francs par chaque année, dont la jouissance est transmise, et qu'il doit être perçu en outre, le droit de 50 centimes par 100 francs, comme quittance, sur 600 francs, en conformité de la solution que nous avons insérée art. 170 de nos Instructions.

ART. 756

ART. 759.

PATENTES.

PROFESSEURS DE MÉDECINE.

Il existe, dans plusieurs villes, des professeurs d'école de médecine ; parmi eux, les uns sont attachés aux hospices civils et militaires, comme médecins en titre, et les autres comme formant une *commission consultative*. Sont-ils exempts de la patente indistinctement ?

Lorsque ces professeurs se bornent à enseigner dans une école, *sans soigner des particuliers*, ce sont des fonctionnaires compris dans l'exemption prononcée par le numéro premier de l'article 29 de la loi du premier brumaire an 7.

Si ces professeurs sont en outre chargés du *service journalier d'un hôpital ou des pauvres*, ils doivent également profiter de l'exception établie par cette loi, *quoiqu'ils aient des malades qui les payent.*

Quant à ceux qui ne sont attachés aux hospices que comme membres de la *commission consultative*, ils ne peuvent être considérés que comme des adjoints ou survivanciers : cette qualité ne peut les dispenser de prendre une patente, *s'ils donnent leurs soins aux particuliers qui les payent.*

(Décision du ministre des finances, du 8 ventose an 9.)

ART. 760.

Les communes qui font valoir les moulins, fabriques, pressoirs et autres usines qui leur appartiennent, sont-elles assujetties à la patente ?

La raison d'en douter c'est que, dit-on, les usines

Troisième année. 16

ne sont point pour les communes un objet de spécu-
lation , puisqu'elles sont uniquement destinées au service des habitans qui sont dans le cas de jouir de
l'exemption , comme tout propriétaire d'un moulin
qu'il n'emploie que pour tirer partie des fruits de sa
récolte , et que le produit de ces objets ne suffit souvent pas pour payer les réparations , et qu'au surplus ,
si le droit de patentes était exigible , il devrait être
acquitté par les citoyens que les communes ont placés
pour faire marcher les usines.

Il est vrai qu'un propriétaire ou un fermier qui
emploierait son moulin uniquement à convertir en
farine les grains provenant de ses récoltes , n'est pas
sujet au droit de patente. Mais ce principe ne peut
s'appliquer aux usines qui appartiennent aux communes et qui ne servent que pour leurs habitans ;
s'il en était autrement , il ne serait pas difficile d'a-
néantir entièrement la contribution des patentes , en
faisant exercer toutes les professions qui y sont assujetties , par des préposés de la commune , dont on
dirait qu'ils ne travaillent que pour la commune elle-
même , composée nécessairement de ceux qui l'ha-
bitent. Ainsi , en établissant , avec une commission de
la commune , un marchand de draps qui ne devrait
rien personnellement , puisque la loi exempte les com-
mis , il n'y aurait pas lieu à patentes , sous prétexte
que ce préposé des habitans n'achete que pour leur
consommation ; en sorte que ces habitans , avec un
autre commis-tailleur , seraient , par suite de ce système ,
dans le cas d'un particulier qui achèterait des draps
dont il se ferait lui-même des habits , sans être tenu
de se munir d'aucune patente. Cette prétention se détruit d'elle-même. Lorsqu'une commune possède des

usines qu'elle fait valoir par des préposés, elle doit
prendre une patente au droit fixe le plus considérable
auquel une de ces usines peut donner lieu et payer
le droit proportionnel de la valeur locative de ces
usines. Si au lieu de les faire valoir par des préposés,
elle les afferme, chaque fermier est obligé de prendre
personnellement une patente, en payant les droits fixes
et proportionnels, quoiqu'il n'en ait pas été fait mention dans les adjudications, les adjudicataires ayant
dû connaître les obligations que la loi leur impose;
mais la commune n'a pas de patente à prendre pour
les usines qu'elle afferme.

(Décision du ministre des finances, du 18 ventose
an 9.)

ART. 761.

POURSUITES ET INSTANCES.

SUPPLÉMENS DE DROIT RÉSULTANS D'EXPERTISE.

*Comment doit-on poursuivre le paiement
des supplémens de droits et demi-droits
encourus, lorsque par le résultat d'une
expertise il établit une différence en plus
dans la valeur vénale d'un immeuble,
et le prix stipulé dans l'acte de vente
dudit immeuble ?*

L'article 18 de la loi du 22 frimaire an 7,
s'exprime ainsi :

,, La demande en expertise sera faite au tri-
,, bunal civil du département, dans l'étendue
,, duquel les biens sont situés, par une péti-
,, tion portant nomination de l'expert de la
,, nation.

,, L'expertise sera ordonnée dans la décade
,, de la demande.

,, En cas de refus par la partie de nommer
,, son expert sur la sommation qui lui aura
,, été faite d'y satisfaire dans les trois jours, il
,, lui en sera nommé un d'office par le tri-
,, bunal.

,, Les experts, en cas de partage, appelle-
,, ront un tiers expert. S'ils ne peuvent en
,, convenir, le juge de paix du canton de la
,, situation des biens, y pourvoira.

,, Le procès-verbal d'expertise sera rapporté,
,, au plus tard, dans le mois qui suivra la
,, remise qui aura été faite aux experts, de
,, l'ordonnance du tribunal, ou dans le mois
,, après l'appel d'un tiers expert.

,, Les frais de l'expertise seront à la charge
,, de l'acquéreur, mais seulement, lorsque l'es-
,, timation excédera d'un huitième au moins le
,, prix énoncé au contrat.

,, L'acquéreur sera tenu, dans tous les cas,
,, d'acquitter le droit sur le supplément d'esti-

» mation , s'il y a plus value constatée par le
» rapport des experts. »

La loi du 27 ventose an 9 , porte « dans
» tous les cas où les frais de l'expertise , autori-
» sée par les articles 17 et 19 de la loi du 22
» frimaire , tomberont à la charge du rede-
» vable , il y aura lieu au double droit d'en-
» registrement sur le supplément d'estimation. »

De ces dispositions , il résulte que le rapport
d'experts détermine les droits que l'administration a à exercer. Mais ce rapport a besoin d'obtenir un caractère légal par la sanction du
juge. Il faut à cet effet que les directeurs le
remettent au tribunal qui a ordonné l'expertise
avec un mémoire par lequel ils exposent que par le
résultat du rapport , il est dû telle somme pour
supplément de droit sur la plus value , pour le
droit en sus , et les frais d'expertise s'il y a lieu ,
et demandent condamnation au paiement. Ce
jugement obtenu , le receveur poursuivant s'en
fait délivrer expédition , prend exécutoire pour
les frais , et le fait signifier , avec commandement de payer. En suivant cette marche , l'administration s'assure outre l'action sur les
receveurs , celle en hypothèque sur le bien
vendu par l'inscription du jugement et de l'exécutoire.

ART. 762.

ENREGISTREMENT.

SUCCESSIONS VACANTES.

La république s'était emparée d'une succession à titre de confiscation, elle y renonce à cause des créances qui en absorbent la valeur; le Curateur à cette succession devenue vacante, est-il tenu de passer déclaration et d'acquitter le droit d'enregistrement de la succession ?

Ici, il ne s'est présenté aucun héritier républicole habile à succéder, les créanciers ont poursuivi la nomination du curateur, et ils ont prétendu que la renonciation pure et simple de la république, n'avait produit aucune mutation; ils ont observé que le curateur représente le défunt et non l'héritier, que la confiscation avait entièrement rompu la ligne de successibilité; que la république, lorsqu'elle renonce au droit de succéder, ne se départ pas de celui de la confiscation; et par conséquent, que le curateur n'est qu'un gérent provisoire établi pour la sûreté et l'avantage des créanciers; ils ont dit, les droits de succession ne peuvent être exigés que de la part des héritiers ou de ceux qui les représentent. Or, ici il n'y a point de succession ouverte, puisque par la confis-cation, la nation a cumulé les qualités de débiteur et de créancier, et qu'ayant joui plus de cinq années, s'il était dû quelques droits d'enregistrement, ils sont censés avoir été acquittés, et l'action relative à la demande s'est éteinte dans ses mains.

Au moment où la succession a été ouverte, le droit d'enregistrement était un droit personnel qui n'avait aucune suite sur les biens, et ne pouvait être exigé que de l'héritier, ce serait donner un effet rétroactif à la loi du 22 frimaire an 7, que d'en appliquer les dispositions à une succession ouverte antérieurement; enfin, la loi n'a rien statué sur les renonciations faites par la république, à des successions échues.

Ces motifs n'ont pas paru fondés. L'administration a considéré que la renonciation faite par la république produit l'effet d'une répudiation ordinaire, et saisit les héritiers habiles à succéder au second rang, que ce curateur ne représente pas le défunt, mais bien ses héritiers, et qu'il prend en leur nom possession de l'héritage.

Que la confiscation n'a pas détruit la ligne de successibilité, que d'après cet axiome du droit, *le mort saisit le vif*, il a dû y avoir mutation, dès qu'il y avait des héritiers appelés à succéder ; que s'ils s'abstiennent de prendre la succession, il ne sont pas moins saisis en la personne du curateur, que la république cessant de succéder, la succession est de nouveau ouverte en faveur du plus proche parent du jour de la renonciation ; que pendant que la république a gardé les biens, le délai n'a pu courir à cause de la confusion momentanée des qualités de créancier et de débiteur, et que par conséquent la prescription ne peut être opposée ; que d'après les anciens principes, le 100ᵉ. denier était dû dans ce cas de succession vacante, lorsqu'elle était ouverte en ligne collatérale, la ligne directe n'étant assujettie à aucun droit, d'après les lois existantes avant celle du 19 décembre 1790 ; que d'après cette dernière loi, on a constamment perçu le droit pour toutes successions vacantes, même pour celles en déshérence.

D'après ces considérations, l'administration a décidé, le 25 ventose an 9, que le curateur à une succession vacante, devait passer déclaration des biens fonds et objets mobiliers de la succession, et en acquitter les droits ainsi qu'elle l'a déjà prescrit par sa circulaire n°. 1306, du 12 messidor an 6.

A R T. 763,

C O N T R A T D E M A R I A G E.

Quel droit doit-il être perçu pour la clause par laquelle il est stipulé que la dot constituée au futur sera payée au père de la future, et qu'elle sera reconnue sur les biens de ce dernier, à mesure du paiement ?

On a voulu faire considérer cette stipulation comme opérant une délégation au profit du pere de la future.

Nous ne partageons pas cette opinion. Il n'y a pas de délégation de la part du créancier, c'est-à-dire, du futur époux, puisque c'est par la disposition même qui lui transmet la dot, qu'on stipule que le paiement en sera fait à son beau-père pour son compte. La désignation du beau-père du futur pour recevoir la dot n'opère pas non plus une obligation en sa faveur, c'est une simple condition de la clause de constitution ; ainsi, en donnant la formalité au contrat, il ne doit être perçu aucun droit particulier pour raison de cette stipulation. Mais lors du paiement de la dot, le beau-père du futur devra la reconnaître sur ses biens ; cette reconnaissance produira, à l'égard de son gendre et de ses parens, une obligation susceptible du droit d'un franc par cent francs, indépendamment de celui résultant de la quittance.

ART. 764.

BAUX EMPHYTÉOTIQUES.

Comment doit-on liquider le droit d'enregistrement d'une cession de bail emphytéotique, dont il reste 10 ans à courir, faite moyennant 150 francs de canon emphytéotique, et à la charge de payer au cédant une rente viagère de 2300 fr.?

Le droit d'enregistrement des baux emphytéotiques se liquide sur le même pied que pour les baux ordinaires, sur le montant de toutes les années, à raison de 95 centimes sur les deux premières, et de 20 centimes sur le montant des années suivantes. Art. 8 de la loi du 27 ventose an 9.

Dans l'espèce proposée, le prix se compose, 1°. de la rente emphytéotique; 2°. de la rente viagère réservée par le cédant.

La rente emphytéotique doit s'acquitter pendant toute la durée du bail; il n'en est pas de même pour la rente viagère, elle doit s'éteindre au décès du cédant. Dans cette hypothèse, comment doit-on en faire la répartition? Il faut en former le capital au denier 10, et le répartir sur toutes les années du bail qui restent à courir. Ainsi, ce capital est de 23,000 francs qui, divisés par 70, donnent un produit annuel de 328 fr. 89 cent. à ajouter à 150 fr. de canon emphytéotique. Ces deux sommes forment le prix d'une année. Le prix annuel une fois déterminé, la liquidation du droit ne peut présenter la moindre difficulté.

A R T. 765.

PROTETS FAITS PAR LES NOTAIRES.

Un notaire peut-il faire un protet ? Dans ce cas, est-il tenu de le présenter à l'enregistrement dans les 4 jours de sa date?

Suivant les anciens principes, les notaires pouvaient, comme les huissiers, faire des protets ; mais ils étaient tenus de les faire contrôler au registre des exploits, indépendamment de celui des actes, et dans le délai fixé pour les actes d'huissiers.

Les lois nouvelles n'ont point interdit aux notaires la faculté de faire des protets, que rend valides le caractère d'officiers publics, dont ils sont revêtus ; mais elles n'ont déterminé les délais que d'après la qualité des officiers qui passent les actes, et non d'après la nature de ces actes. Dès-lors un notaire peut ne faire enregistrer un protet, que dans le délai ordinaire, qui lui est fixé pour la formalité. Il paraît obligé, au surplus, comme les huissiers, de donner copie entière de la lettre-de-change ou billet à ordre protesté, avec transcription pour ce dernier, de la relation de l'enregistrement. A défaut, l'enregistrement est perceptible sur ces billets, en même-tems que celui de protet, conformément à l'article 9 de la loi du 9 octobre 1791.

A R T. 766.

T I M B R E.

COMMISSION ET PRESTATION DE SERMENS DES PORTEURS DE CONTRAINTE.

Les commissions des porteurs de contrainte sont-elles assujeties au timbre ?
Leur promesse de fidélité à la constitution doit-elle être enregistrée ?

Le titre second d'un arrêté des Consuls du 16 thermidor an 8, sur le recouvrement des contributions directes, établit des porteurs de contraintes chargés de faire seuls les fonctions d'huissiers pour le recouvrement de ces contributions. Il veut que les militaires invalides, réunissant d'ailleurs les qualités requises, soient choisis par préférence.

L'article 20 attribue leur nomination aux sous-préfets, indique comment elle doit être faite, et porte *le tout sans frais.*

Enfin, suivant l'article 21, les sous-préfets recevront leur promesse de fidélité à la constitution, dont il sera fait mention sur la commission.

De ces mots, *le tout sans frais*, contenus dans l'article 20, il résulte que l'intention de l'arrêté a été de dispenser du timbre les commissions des porteurs de contrainte. Quant à leur promesse de fidélité à la constitution, reçue par le sous-préfet, on ne peut l'assimiler à une prestation de serment judiciaire; c'est un acte administratif exempt de la formalité.

L'administration l'a ainsi décidé le 15 pluviose an 9.

ART. 767.

PRESCRIPTION DES DROITS.

Les droits d'un testament passé devant notaire, sont-ils prescrits par le laps de 5 années, à compter du décès ?

Deux sortes de droits se perçoivent pour un testament. Les uns sur les objets légués par le testament, d'après la déclaration des légataires; les autres sur l'acte même qui doit être soumis à l'enregistrement dans les trois mois du décès du testateur.

Les premiers, sans difficulté, se perçoivent après cinq ans, à compter du décès, comme le porte l'article 61 de la loi du 22 frimaire; mais les autres

doivent être rangés dans la classe des droits dus pa[r]
les actes publics non présentés à l'enregistrement. Or,
ceux-ci ne sont prescrits qu'après 30 ans, terme fixé
pour l'extinction de toutes les actions.

Pour que les droits d'enregistrement des testamens
fussent prescrits après cinq ans, il faudrait que la
loi le prononçât formellement, car la prescription
est une exception, un droit commun qui ne peut ni
s'étendre ni se supposer ; or, la loi ne prononce la
prescription quinquennalle, que pour les droits des
successions non déclarées. Il est donc certain que les
droits dus pour un testament sous le rapport de l'acte,
ne sont prescrits qu'après 30 ans.

(Solution de la Régie, du 22 ventose an 9.)

ART. 768.

PATENTES.

*Dans quelle classe doivent être compris les
fermiers des halles ?*

Pour la déterminer, il faut admettre les distinctions
suivantes, indiquées par le ministre des finances, dans
une lettre du 18 ventose an 9, au directeur des contributions directes du département de.......

« Lorsque je vous ai marqué, le 18 brumaire der-
» nier, que les fermiers des halles qui remisent et
» ont en garde les marchandises qui y sont apportées,
» doivent être placés à la première classe, et payer le
» droit proportionnel au dixième du prix du bail, j'ai
» eu en vue les halles aux vins, dont les fermiers sont
» presque partout chargés de les vendre, pour ceux à
» qui ils appartiennent. Dans ce cas, il est notoire que

» ces fermiers sont des commissionnaires de marchan-
» dises , et que les halles forment leurs magasins.
» Mais on a prétendu que les fermiers des halles quel-
» conques , et mêmes des foires et marchés qui se
» tiennent dans les places publiques , devaient être
» considérés comme des commissionnaires sujets au
» droit de première classe , et au dixième du prix de
» leurs baux. Cette prétention n'est pas fondée.

» Lorsque les fermiers des halles ou des foires et
» marchés ne font point de commerce par eux-mêmes
» ou par commission , ou se bornent à recevoir le
» loyer ou le droit dû pour le placement des mar-
» chandises dans les bâtimens des halles ou sur les
» places publiques , ils ne doivent point le droit fixe
» de première classe , mais seulement celui de la troi-
» sième ou de la quatrième , et celui proportionnel ne
» doit porter que sur le loyer de leur habitation et
» des bâtimens qu'ils peuvent employer pour serrer
» les usteusiles nécessaires à leur exploitation. Ces
» objets sont les seuls qui servent à faire valoir leur
» industrie , et ce qu'ils payent au-delà du prix du
» bail , n'est que la valeur des droits qu'ils ont à
» percevoir sur les marchands, et n'est point suscep-
» tible du droit proportionnel qui , dans aucun cas ,
» n'est point dû pour les places publiques sur lesquelles
» se tiennent les foires et marchés sans bâtimens qui
» puissent servir au commerce des fermiers.

» Pour régler le placement par rapport au droit fixe ,
« lorsque le fermier n'est pas commissionnaire de mar-
» chandises , il faut considérer la destination des halles.
» S'il s'agit de vins et autres liquides ou de marchan-
» dises qui se vendent à grands poids , il y a lieu au
» droit de la troisième classe , qui comprend les pe-

» seurs-jurés, et les jaugeurs de liquides. Si les halles
» servent à la vente du sel, des grains et farines,
» des toiles et étoffes, de tous objets qui se vendent
» à petits poids, des bestiaux et marchandises quel-
» conques, autres que celles placées à la troisième
» classe, on doit taxer à celui de la quatrième où se
» trouvent les mesureurs de sel, maîtres de traçons
» et les mesureurs de toiles et étoffes, et à laquelle le
» tarif annexé à la loi du 9 frimaire an 5, addition-
» nelle à celle du 6 fructidor an 4, avait aussi placé
» les mesureurs de grains. »

ART. 769.

DOMAINES NATIONAUX.

1°. *Les fermages dus pour l'an 4 aux Congrégations régulières de la ci-devant Belgique, n'ont
pu être payés par anticipation;*

2°. *Les contestations relatives à cet objet, sont
sujettes aux deux dégrés de jurisdiction, lorsqu'elles excèdent 1000 francs.*

JUGEMENT DE CASSATION,

*Du 4 germinal an 9, rendu sur le rapport du
citoyen Delacoste;*

Contre le citoyen *Jadot.*

Par acte passé devant notaire le 24 fructidor an 4,
les ci-devant religieux du Val-de-Saint-Lambert, ont
affermé au citoyen Jadot, la ferme du Halledet, pour
le prix de 182 muids 4 setiers de bled, avec stipulation
que le premier paiement du fermage échoirait le 10
frimaire an 5. Il paraît que ce bail était fait par suite
de baux précédens, passés au même individu.

Le

Le 21 frimaire an 6, une contrainte fut signifiée à Jadot, en paiement de ses fermages, notamment de l'an 4, échu le 10 frimaire an 5.

Jadot se pourvut en opposition devant le tribunal civil de l'Ourthe. Il la motiva, sur ce que les fermages de l'an 4 étaient acquittés en partie, ce qu'il justifiait par des quittances d'à-compte à lui délivrées par les ci-devant religieux, sous la date des 2, 17 messidor, 10 thermidor et 13 fructidor an 4.

La Régie des domaines répondit que ces quittances ne pouvaient être d'aucune considération, attendu qu'elles indiquaient des paiemens faits *par anticipation*, ce qui était prohibé par les lois des 15 fructidor an 4, et 5 frimaire an 6.

Mais le tribunal civil de l'Ourthe n'eut aucun égard à ces lois, et par jugement du 28 ventose an 8, il déchargea Jadot de l'effet de la contrainte, jusqu'à concurrence des sommes exprimées dans les quittances des religieux. Il motiva cette décision, sur le texte de plusieurs lois romaines, et sur le principe que le fermage est dû dès le moment que la récolte est faite, quoique l'époque du paiement soit reculé, pour le seul avantage du fermier; d'où il suit que si le fermier paie, comme dans l'espèce, depuis la récolte, *et avant l'échéance du bail*, il paie ce qu'il doit, et ne paie point par anticipation.

La Régie des domaines s'est pourvue en cassation, sa requête a été admise, et Jadot est venu se défendre contradictoirement devant la section civile.

La requête présentait deux moyens de cassation.

Le premier portait sur la violation des lois des 15 fructidor an 4, et 5 frimaire an 6.

La loi du 15 fructidor an 4, après avoir supprimé les congrégations monastiques, s'exprime ainsi: article 6.

« A l'égard des objets donnés à bail ou à ferme, les
» fermiers et locataires sont également tenus *de verser*
» *les loyers ou fermages dus pour les fruits et reve-*
» *nus de l'an 4, dans la caisse de la direction*, ou
» dans les magasins qui leur sont indiqués, lorsque
» les paiemens doivent être faits en nature. »

La disposition de cet article était précise: elle devait engager tous les fermiers des ci-devant religieux, à

verser *leurs fermages de l'an* 4 dans la caisse de la
direction des domaines.

Mais a plupart d'entr'eux se prêtèrent, par com-
plaisance, à éluder la loi. Ils versèrent *postérieurement* leurs fermages de l'an 4 entre les mains des religieux, en acceptant d'eux des quittances à compte
d'une date antérieure.

Ces paiemens étaient irréguliers, et devaient être
considérés comme sans effet, vis-à-vis de la section,
d'après la seule force de la loi du 15 fructidor an 4.

Mais le corps legislatif, auquel cet abus fut dénoncé, crut devoir en faire la matière d'une disposition expresse, et dans la loi du 15 frimaire an 6, rendue pour supprimer tous les chapitres réguliers et
autres bénéfices de la ci-devant Belgique, il inséra la
déclaration suivante, art. 11.

« *Toutes quittances* ou reconnaissances de paiemens
» prétendus faits par anticipation, à tous les ci-devant
» religieux ou religieuses, membres de chapitres,
» possesseurs de bénéfices simples et corporations
» laïques des deux sexes, (dans les neuf départemens
» réunis) par les fermiers, locataires, emphytéotes
» ou arrentataires des biens, *dont la jouissance leur
» a été enlevée par la loi du 15 fructidor an 4,* ou
» leur est enlevée par la présente, *sont nulles et de
» nul effet.* »

A ce moyen, Jadot opposait deux réponses :

L'une, fondée sur les lois romaines, déjà invoquées
par le tribunal civil de l'Ourthe, qui permettent aux
débiteurs de se libérer avant l'échéance de leur dette.

L'autre, appuyée sur un reproche de *rétroactivité,*
attribué à la loi du 5 frimaire an 6.

Ces argumens s'écartaient en considérant, 1°. que
les lois romaines, justes dans leur application générale, ne pouvaient être invoquées dans le cas particulier.

En principe général, il est incontestable que le débiteur peut avancer le paiement de sa dette. Cela est
fondé sur ce que la libération est de soi-même très-
favorable.

Mais dans l'espèce particulière, il existait une loi
qui avait défendu la libération anticipée des fermiers,
et c'est au préjudice de cette loi que la libération s'était

opérée d'une manière oblique, pour favoriser des personnes devenues incapables de recevoir légalement. La loi particulière et spéciale devait donc prévaloir ici sur le texte des lois romaines.

A l'égard du reproche de rétroactivité fait à la loi du 15 frimaire an 6, cela était inconvenant de toutes manières. Car on a remarqué, que la loi du 15 fructidor an 4 avait ordonné de verser les fermages de cette année dans la caisse nationale ; tout ce qui avait été versé ailleurs, avait été mal payé. La loi du 15 frimaire an 6, en déclarant *nulles* les quittances de paiemens prétendus faits *par anticipation*, n'a donc fait proprement que déclarer une conséquence nécessaire de la loi du 15 fructidor an 4.

Pour second moyen de cassation, la Régie reprochait que le tribunal de l'Ourthe avait jugé en *premier et dernier ressort*, une contestation susceptible d'appel, puisqu'elle excédait 1000 fr., ce qui était contraire à la loi du 24 août 1790 ; qu'il ne s'agissait pas dans l'espèce d'impôts indirects ; matière susceptible d'être jugée en premier et dernier ressort, mais de fruits ou fermages de biens nationaux. Elle invoquait, sur ce point, un jugement rendu contre elle, le 9 prairial an 7, dans l'affaire contre la veuve Blaimont (1).

Jadot répondait, en citant les lois que la Régie avait elle-même invoquées avec succès, avant le changement de jurisprudence.

Après cette discussion, le cit. Jourde, substitut du commissaire, a conclu à la cassation par les deux moyens.

Le tribunal a rendu un jugement de cassation, motivé seulement sur le second.

Il est à croire qu'il en a usé ainsi, par l'habitude où il est de casser de préférence par les moyens de forme, lorsqu'il s'en trouve en concurrence avec les moyens du fonds, et que si le moyen du fonds se fût trouvé seul, il l'eût adopté.

Ce qui autorise à le penser, surtout dans le cas par-

(1) Voyez le n°. 29 des Instructions Décadaires, où l'espèce de l'affaire de la veuve Blaimont est détaillée.

ticulier, ce sont les nombreux jugemens rendus par le tribunal de cassation, dans des espèces identiquement semblables. On peut consulter neuf jugemens rendus pour les départemens réunis, sous les dates des 12 prairial an 6, premier ventose an 7, 24 germinal an 7, premier messidor an 7, 14 et 16 du même mois, tous portant cassation de jugemens rendus par les tribunaux civils de Sambre et Meuse, et de la Meuse Inférieure, qui avaient légitimé des paiemens faits par anticipation, par les fermiers des ci-devant religieux de la Belgique.

A R T. 770.

E N R E G I S T R E M E N T.

C E S S I O N D'U S U F R U I T.

L'acte par lequel une mère abandonne à ses enfans, moyennant une pension, l'usufruit qui lui a été légué par testament passé et enregistré en 1793, est-il sujet au droit proportionnel ?

Par testament du mois de juillet 1793, un mari lègue à sa femme l'usufruit de tous ses biens-meubles et immeubles, à la charge par elle de pourvoir à la subsistance et à l'éducation de ses enfans. Dans la même année, le testateur est mort, et le testament a été enregistré.

Au mois de frimaire an 9, la légataire cède cet usufruit à ses enfans, moyennant une pension viagère. Les enfans acceptent et partagent la succession de leur père, qui s'élève à 20,000 fr.

pour les immeubles , et 30,000 francs pour les meubles.

On a prétendu que la réunion d'usufruit à la propriété opérée par la cession de la mère , ne donnait lieu qu'au droit fixe, d'après la loi du 22 frimaire an 7 , sur le motif que les droits de la mutation de la propriété ont été ouverts au moment du décès du père en 1793 , que s'ils n'ont pas été acquittés à cette époque , ils sont prescrits, et que la prescription opère le même effet que le paiement.

C'est une erreur. Que dit la loi du 22 frimaire ? Toute transmission de propriété ou d'usufruit de biens-meubles et immeubles est sujette au droit proportionnel. Voilà la règle générale. Voyons l'exception.

L'article 5, nombre 7, dit : il ne sera rien dû pour la réunion de l'usufruit à la propriété, lorsque le droit d'enregistrement aura été acquitté sur la valeur entière de la propriété. Il faut donc, pour être dans le cas de l'exception , que le droit d'enregistrement se trouve acquitté d'avance sur l'entière valeur des immeubles. Prétendre qu'il suffit que le droit ait été dû et qu'il soit prescrit , c'est bien une nouvelle exception qui n'est pas dans la loi.

Les actes de réunion d'usufruit à la pro-

priété, ne sont dispensés du droit proportionnel, que quand le droit a été payé d'avance sur
la valeur de cet usufruit. Cela est si vrai, que
si la réunion de l'usufruit s'opérait moyennant
un prix supérieur à celui sur lequel le droit
a été perçu à raison de cet usufruit, lors de la
mutation de la nue propriété, il serait dû un
supplément de droit proportionnel sur ce qui
se trouverait excéder l'évaluation, conformément au nombre 42, paragr. premier de l'article 68 de la loi.

Il n'est donc point douteux que la cession
dont il s'agit ne doive être soumise au droit
proportionnel, le principe est incontestable
pour la cession de l'usufruit des immeubles, à
plus forte raison pour celle de l'usufruit du mobilier, puisqu'à l'époque du décès du testateur,
non-seulement le droit n'a pas été acquitté sur
la valeur entière du mobilier, mais même il
n'était pas dû.

(Solution de l'administration, du 25 pluviose an 9.)

A R T. 771.

P R O C U R A T I O N.

*Comment doit-on liquider le droit d'enre-
gistrement d'une procuration donnée à
l'effet de régir un bien pendant un tems*

déterminé , moyennant un traitement
annuel ?

Le mandat est en général gratuit. Dans l'espèce proposée , il ne l'est pas, il doit donc
être rangé dans la classe des baux d'industrie ,
parce qu'on peut louer son tems , ses soins ,
son industrie , tout comme un meuble ou un
immeuble. Le mandataire devant toucher un
traitement annuel pour la régie dont il est
chargé, loue en effet , pour ce traitement ,
le tems et les soins que cette régie doit exiger·
Ainsi, persistant dans l'opinion que nous avons
émise , page 231 de notre dictionnaire sur
l'enregistrement, nous estimons que le droit
d'enregistrement doit être réglé d'après les
bases déterminées par la loi pour les baux
ordinaires.

A R T. 772.

D É P ô T.

Déclaration par une veuve , portant que
la succession de son mari est tenue
envers un particulier de la restitu-
tion de 10,200 francs , montant d'un
dépôt qui lui avait été fait par ce der-
nier , et qu'elle se rend caution du
remboursement de cette somme ?

On avait prétendu qu'un acte de cette na-

ture ne donnait ouverture qu'au droit proportionnel de 5o centimes par 1oo francs, parce
qu'il ne renfermait qu'un cautionnement, et
que la veuve n'avait pu, en l'absence et au
préjudice des héritiers de son mari, contracter
pour eux une obligation qui ne pouvait émaner
que de leur volonté.

Mais il a été facile de détruire ce raisonnement. En effet, dans le cas présent, caution-
ner, c'est créer un titre ; c'est remplacer par
un acte authentique un titre qui reposait uniquement sur la confiance et la bonne foi.
C'est donc contracter une obligation. Et quoique les principaux débiteurs ne soient pas présens, quoiqu'ils ne prennent aucune part à
cet acte, le droit ne peut pas être moindre
d'un pour cent, parce que la veuve a pris l'engagement de payer, en cautionnant. La perception serait réductible sur le pied de cautionnement, si l'on justifiait qu'il existe un
titre primitif enregistré.

A R T. 773.

R A P P O R T   A   S U C C E S S I O N.

Dans un partage, l'un des co-héritiers
fait rapport d'un immeuble qui lui avait
été donné en avancement d'hoirie, et
sur lequel il avait fait des améliorations,

Les arrangemens relatifs au remboursement de ces améliorations, donnent-ils ouverture à un droit particulier d'enregistrement ?

Il est de principe qu'un héritage sujet à rapport en essence doit être rapporté dans l'état où il se trouve au tems du partage, et que les améliorations, quelles qu'elles soient, appartiennent à la succession.

Cependant, si ces améliorations sont industrielles, le donataire doit en être *indemnisé*, non pas précisément sur le pied de ce qu'elles lui ont coûté, mais jusqu'à concurrence du profit qu'en tire la succession au tems du partage.

Ainsi, le donataire en rapportant l'héritage n'est pas fondé à prélever, soit en effets mobiliers, soit en immeubles, le montant de ses améliorations, mais il a droit de réclamer de la succession une indemnité en numéraire.

Si le paiement en est effectué par le partage, il doit être perçu, comme quittance, un droit de 50 centimes par 100 francs ; cette disposition ne dérivant pas nécessairement du partage, puisqu'elle opère la libération d'une créance due par la succession.

Il serait dû deux pour cent d'après le nombre premier, paragraphe 5 de l'article 69 de la

loi du 22 frimaire an 7 , si pour s'acquitter de
cette créance l'on donnait en paiement des effets
mobiliers , et quatre pour·cent s'il était aban-
donné des immeubles suivant le n°. premier ,
paragraphe 7 du même article.

A R T. 774.

Actes judiciaires.

*Un jugement de condamnation est rendu
sur un compte de marchand , doit-on
percevoir un droit proportionnel sur le
montant du compte , en outre de celui
de la condamnation ?*

Le n°. 9 , paragraphe 2 de l'article 49 de la
loi du 22 frimaire an 7 , s'exprime ainsi :
« Lorsqu'une condamnation sera rendue sur
» une demande non établie par un titre enre-
» gistré, *et susceptible de l'être* , le droit auquel
» l'objet de la demande aurait donné lieu, s'il
» avait été convenu par acte public , sera
» perçu, indépendamment du droit dû pour
» ·l'acte ou le jugement qui aura prononcé
» la condamnation. »

En appliquant ces dispositions à l'espèce, il
faut examiner si le titre du marchand, sur lequel intervient la condamnation , était susceptible de l'enregistrement. N'a-t-il produit

qu'un extrait de son livre-journal ? Cette pièce, quoique formant titre à sa demande, n'était pas sujette à la formalité de l'enregistrement, parce qu'elle ne contient point l'obligation du débiteur.

Est-ce au contraire un compte arrêté entre les parties, de marchandises livrées ou à livrer ? Dans ce second cas, comme le compte constate ou une tradition, ou une obligation de livrer, et par conséquent une vente et un prix stipulé, ce compte doit être soumis à l'enregistrement, et est passible du droit de deux pour cent, déterminé pour les ventes de meubles, par le n°. premier du paragraphe 5 de l'article 69.

Ainsi dans la première hypothèse, il n'y a lieu d'exiger que le droit de la condamnation, et dans la seconde, il doit être en outre exigé le droit de deux pour cent sur le prix des marchandises, meubles et effets vendus.

Il faut cependant distinguer le cas où il ne s'agirait que de fournitures de pain, viande, épiceries ou autres objets d'une consommation journalière. On ne peut, dans cette espèce, supposer un marché, une vente d'objets mobiliers, susceptible du droit de deux pour cent ; l'arrêté de compte ne présenterait qu'une obligation passible du droit d'un pour cent, lequel

serait perceptible avec celui de demi pour
cent, résultant de la condamnation.

ART. 775.

DÉPÔTS CHEZ LES RECEVEURS-GÉNÉRAUX.

*Les reconnaissances ou récépissés délivrés
par les receveurs-généraux de département ou leurs préposés, pour dépôt de
sommes consignées en leurs mains, sont-
ils sujets à l'enregistrement avant d'en
faire usage ?*

Que les consignations soient volontaires ou
forcées, on ne peut les considérer comme des
actes sous seings-privés, de nature à être soumis à l'enregistrement avant que de pouvoir en
faire usage. En effet, si elles sont forcées, elles
sont faites en exécution de la loi du 23 septembre 1793, qui, en supprimant les receveurs particuliers des consignations, en attribue
les fonctions aux commissaires de la trésorerie
et à leurs préposés ; or les actes de dépôts faits
chez les receveurs des consignations, étaient
exempts de contrôle. Si elles sont volontaires,
elles ont pour objet la conservation de quelques droits, mais n'intéressent point le receveur qui remplit dans ce cas un ministère
public; or étant reconnu en principe généra
qu'un récépissé délivré par un receveur qui a

un caractère public, et dont les enregistremens ont une date certaine, est un acte public, on ne peut les considérer comme des actes sous seing-privé, mais bien comme des actes d'administration, exempts de la formalité de l'enregistrement, d'après le paragraphe 3 de l'article 70 de la loi du 22 frimaire an 7.

———————

ART. 776.
HYPOTHÈQUES.
INSCRIPTION DE CRÉANCE SANS DÉSIGNATION DE BIENS.

Si dans une obligation postérieure à la loi du 11 brumaire an 7, le notaire n'a désigné ni la consistance ni la situation des biens, le conservateur peut-il refuser l'inscription requise ?

On soutient la négative, en disant que le conservateur n'est pas juge de la validité ou de l'invalidité de l'inscription, et qu'il compromettrait sa responsabilité, s'il refusait de faire une inscription que l'on requiert.

Nous ne partageons pas cette opinion, et nous croyons que sans ériger le conservateur en juge des discussions des parties, il a le droit de refuser de faire l'inscription d'un bordereau qui ne contient pas les mentions formellement

prescrites par la loi. C'est ce que l'on doit induire de l'article 54, qui prescrit aux conservateurs de ne pas refuser les *inscriptions qui se-*
ront requises conformément aux lois.

Or la loi veut, article 17, n°. 4, que le bordereau contienne « l'indication de l'espèce et
 » de la situation des biens sur lesquels le
 » créancier entend conserver son hypothèque
 » ou privilège. »

Lorsque cette indication n'existe ni dans
l'obligation ni dans le bordereau, l'inscription
n'est pas *requise conformément à la loi* Le conservateur est donc fondé à refuser de l'admettre; aussi la nouvelle circulaire de la régie,
du 13 germinal an 9, n°. 1986, ne porte-t-
elle l'ordre d'inscrire, malgré le défaut de désignation des biens, que pour les titres de
créance antérieure à la loi du 11 brumaire
an 7.

ART. 777.

INSCRIPTION DE CRÉANCES NATIONALES.

Les conservateurs des hypothèques peuvent-
ils exiger le paiement de leurs salaires
pour des inscriptions requises par eux
contre des débiteurs de rentes natio-
nales, dont on ne peut faire le recou-
vrement ?

L'article 5 de la loi du 9 ventose an 7,

qui porte qu'il sera tenu compte au conservateur *des salaires recouvrés*, présente l'induction naturelle que dans le cas de non recouvrement, le conservateur n'est pas fondé à
réclamer ses salaires. La circulaire du premier
brumaire an 8, n°. 1676, dit qu'il n'y pas
lieu au paiement des salaires du conservateur
pour les inscriptions mal-à-propos requises par
les commissaires du gouvernement.

Le même principe doit s'appliquer aux rentes
dues à la nation, dont il n'a pas été possible
de faire le recouvrement à cause du défaut de
titres constitutifs.

(Solution de la Régie, du 28 pluviose
an 9.)

———————————

A R T.   778.

A M E N D E S.

FRAIS DE RECOUVREMENT.

Le paiement de la subvention et des frais
faits pour le recouvrement des amendes,
doit précéder la mise en liberté des con-
damnés ou prévenus ?

Le ministre des finances l'a ainsi décidé par
lettre du 18 ventose an 9. Il s'est fondé sur
ce que les frais de poursuites pour obtenir la
condamnation et le paiement de l'amende, font

partie comme la subvention de guerre du principal de l'amende, et que d'ailleurs s'il pouvait en être autrement, les frais resteraient toujours à la charge du trésor public, par l'impossibilité de les recouvrer.

ART. 779.

PATENTES.

PROPRIÉTAIRES DE BACS ET BATEAUX.

Les propriétaires de bateaux servant aux transports des marchandises sur un fleuve, doivent-ils être assimilés aux entrepreneurs de roulage, ou aux propriétaires de bateaux servant au cabotage ou aux entrepreneurs de bacs, pour la patente dont ils sont tenus de se munir?

Doit-on assimiler aux entrepreneurs de bacs, les bateliers qui transportent les personns d'une rive à l'autre, dans des nacelles?

Les particuliers qui ont de grandes entreprises pour le transport par eau, des personnes ou marchandises, doivent être considérés comme entrepreneurs de voitures publiques, et payer en conséquence le droit de patente de 200 francs, tel qu'il est réglé par la première partie du tarif, sans égard à la population.

Les individus qui, comme propriétaires ou fermiers, n'emploient qu'un seul bateau pour le transport

port des personnes et des marchandises , ne peuvent être assimilés qu'aux fermiers ou entrepreneurs de bacs.

Les simples bateliers qui n'emploient eux-mêmes que des nacelles pour le transport d'une rive à l'autre , ne sont pas assujettis à la patente , puisque la loi ne les a pas désignés , quoique leur profession soit très-connue.

Mais celui qui aurait plusieurs nacelles pour le service desquelles il emploierait des personnes à gages , devrait être placé à la cinquième classe , qui comprend les mariniers en chef.

(Décision du ministre des finances , du 8 germinal an 9.)

A R T.   780.

FRAIS D'EXPÉDITIONS D'ACTES DÉLIVRÉES AUX PRÉPOSÉS DE L'ADMINISTRATION DU DOMAINE ET DE L'ENREGISTREMENT.

Les notaires peuvent-ils exiger pour le coût de ces expéditions , des honoraires proportionnés à la nature des actes?

Un notaire avait fixé à 150 francs ses droits, pour une expédition levée par un receveur du domaine , à l'effet de défendre les intérêts de la république , dans une instance introduite devant un tribunal.

Le commissaire du gouvernement près le

Troisième année.   18

tribunal, soumit cette prétention au ministre de la justice, qui la déféra au ministre des finances.

Voici la réponse de ce ministre, datée du 18 germinal an 9.

" Je vous observe, qu'aux termes de l'ar-
,, ticle 14, paragraphe 6 de la loi du 19
,, décembre 1790, les expéditions d'actes
,, demandées par les préposés de la Régie,
,, (dans l'intérêt de la nation) doivent leur
,, être délivrées en payant 12 centimes et demi
,, par chaque extrait de rôle d'expédition,
,, outre les frais du papier timbré.

,, Ainsi, ce n'est ni la nature, ni l'impor-
,, tance de l'acte qui doit déterminer en ce
,, cas, le montant des frais d'expédition; les
,, notaires de Paris se conforment à cette régle,
,, qui *doit être généralement observée.* Son objet
,, est de faciliter aux agens du gouvernement
,, les moyens de soutenir et de défendre les
,, droits de la nation, sans constituer le trésor
,, public en des avances de frais considé-
,, rables et arbitraires, qui souvent tombent
,, en pure perte. ,,

ART. 781.

ENREGISTREMENT.

INVENTAIRE.

Les déclarations de dettes passives non-fondées sur un titre enregistré et sous-crites dans un inventaire par les héri-tiers du décédé, sont-elles sujettes au droit d'enregistrement ?

Quelques receveurs avaient pensé que les dé-clarations faites par les héritiers, dans un inven-taire, des dettes de la succession dont il n'existait pas de titre public ou précédemment enregistré, donnaient ouverture à un droit particulier et pro-portionnel d'enregistrement. Il avait été fait des perceptions en conséquence, qui ont fait naître des réclamations. La question soumise à l'admi-nistration, elle a estimé que le directoire exécutif ayant décidé par une délibération insérée dans la circulaire n°. 1554, que les actes sous-signa-tures-privées peuvent être inventoriés sans être soumis préalablement au droit d'enregistre-ment, cette décision doit s'appliquer aux actes passifs comme aux actes actifs; qu'il suit de-là que les déclarations de l'espèce ne peuvent être traitées plus défavorablement que les actes actifs, mais qu'il n'en peut être fait usage en justice ou dans un acte public, sans que ces déclarations soient enregistrées.

Il faut donc s'abstenir de percevoir le droit proportionnel d'obligation sur les déclarations dans les inventaires, des dettes de succession, par les héritiers, mais exprimer dans la relation la réserve du paiement de ce droit, au cas qu'il soit fait usage en justice ou dans un acte public de ces mêmes déclarations, par ceux au profit de qui elles sont faites.

(Solution de l'administration, du 22 germinal an 9.)

ART. 782.

RAPPORT A SUCCESSION.

Le rapport fait à partage d'une somme pour tenir lieu d'un immeuble que le donataire qui devait le rapporter, a aliéné, est-il sujet à un droit particulier d'enregistrement ?

Lorsqu'un donataire a aliéné volontairement un héritage qu'il était tenu de rapporter à la succession du donateur, il ne suffit pas, et il n'est pas même obligé de rapporter *le prix qu'il en a tiré.* Si l'héritage est augmenté, il faut l'estimer dans l'état où il est au moment du partage, et le donataire est obligé de le rap-

porter, non pas, à la vérité, en nature, puisqu'il ne l'a plus , mais *sur le pied de cette estima-*
tion , par la raison que , d'un côté , il n'a pu
dépendre de lui de changer par une vente volontaire l'objet de son obligation , et que ,
d'un autre côté , toute obligation qui consiste
en un fait devenu impossible , se résoud toujours en dommages-intérêts.

Quoique le rapport de la somme représentative de l'immeuble aliéné, opère la libération
du donataire, il ne donne ouverture à aucun
droit particulier, parce que le donataire étant
tenu de rapporter l'immeuble, s'il le possède
au tems du partage, ou sa valeur, s'il l'a aliéné;
ce rapport forme une disposition dépendante et
dérivant nécessairement du partage.

A R T.   783.

CERTIFICATS DE RÉSIDENCE.

Ceux délivrés aux créanciers de l'Etat ,
pour obtenir leur inscription provisoire
et des bons de remboursement , doivent-
ils être sur du papier timbré et enre-
gistrés?

On le pensait d'après les lois des 13 brumaire et 22 frimaire an 7, l'une sur le timbre
et l'autre sur l'enregistrement. On prétendait

également que ces certificats ne jouissaient point de la faveur accordée par la loi du 26 frimaire an 8, aux actes tendant uniquement à la liquidation de la dette publique, parce que ces certificats émanent des autorités administratives, parce qu'ils ne sont pas produits simplement pour la liquidation, mais pour le remboursement en deux tiers mobilisés et l'inscription du tiers, ainsi que pour le paiement des arrérages.

Le liquidateur général de la dette publique a, dans le doute, consulté le ministre des finances.

Ce ministre a pensé qu'il est dans l'esprit de la loi du 26 frimaire, d'exempter du timbre et de l'enregistrement, ces certificats, attendu que la liquidation n'ayant pour objet que l'inscription et le remboursement, ce serait rendre illusoire l'avantage que cette loi a voulu faire aux créanciers de l'état, si on exigeait le paiement de ces droits lors de l'inscription de la créance liquidée.

Sa décision rendue à ce sujet, le 18 germinal an 9, est ainsi conçue :

« Le liquidateur général ayant été chargé par
» l'arrêté des Consuls, du 12 ventose an 8, du
» travail des liquidations qui avait lieu ci-
» devant dans le bureau central de la trésorerie

,, pour le remboursement et l'inscription au
,, grand-livre des portions de la dette publique
,, liquidées en bons de tiers et de deux tiers,
,, il en résulte que c'est à lui que doivent être
,, remis les certificats de résidence dont l'ar-
,, ticle 19 de la loi du 24 frimaire an 6, a
,, prescrit la production au liquidateur de la
,, trésorerie.

« Ces certificats étant relatifs à la liquida-
,, tion, doivent jouir de l'exemption du timbre
,, et de l'enregistrement, prononcée par l'article
,, 2 de la loi du 26 frimaire an 8, ainsi que les
,, actes de radiation définitive de la liste des
,, émigrés, que ceux qui y ont été portés,
,, produiraient *au lieu d'un certificat de rési-*
,, *dence.* ,,

Nota. Pour que l'exception puisse être appliquée à ces certificats, il faut qu'ils indiquent
que leur délivrance tend à faire liquider une
créance sur l'Etat, au remboursement en bons
de deux tiers et à l'inscription sur le grand-
livre de la dette publique : autrement le receveur auquel il est présenté et à qui il n'est
pas justifié de l'usage auquel il est destiné,
ne peut que se conformer aux lois des 13 brumaire et 22 frimaire an 7.

A R T. 784.

Vente a faculté de réméré.

Une vente est faite moyennant 30,000 fr.
payés comptant, et le vendeur se réserve
la faculté, pendant trois ans, de re-
prendre l'immeuble qu'elle a pour objet,
en remboursant à l'acquéreur qui entre
en possession présentement 40,000 fr.
au lieu de 30,000 francs ?

On a prétendu que le droit de quatre pour
cent, ne devait frapper que sur 30,000 francs,
par la raison que cette somme était le prix
moyennant lequel la vente était faite, et que
l'obligation du remboursement de 40,000 fr.,
était une de ces clauses éventuelles qui ne doivent entrer pour rien dans la balance, lorqu'il
s'agit de liquider un droit sur une disposition
présente.

D'autres ont pensé que les 40,000 francs
étaient le véritable prix de la vente ; dans la
supposition du retrait effectué, ils ont vu un
vendeur qui n'avait touché que 30,000 francs,
être obligé d'en rembourser 40,000 ; enfin
la stipulation de cette clause paraît à leurs
yeux plutôt comme un moyen de simulation
dans le prix, que comme une convention
réelle.

Les opinions se sont réunies en faveur de la perception du droit de quatre pour cent sur 40,000 francs ; surtout d'après la considération qu'aux termes des articles 17 et 18 de la loi du 22 frimaire an 7, la perception doit être en raison de la *valeur vénale* de l'objet. Or, l'acquéreur reconnaît lui-même que cette valeur vénale est de 40,000 francs, puisque c'est la somme qu'il exigera dans le cas du retrait. Si le bien lui reste, il profitera de la mieux value ; si le retrait s'exerce, il recevra 40,000 francs au lieu de 30,000 qu'il a déboursés. C'est donc pour lui le véritable prix, et il ne peut se plaindre d'acquitter le droit sur ce pied.

A R T. 785.

ACTE D'APPEL DE JUGEMENS.

Avant la loi du 27 ventose an 9, était-il dû un droit de 5 francs ou 10 francs pour chaque intimé auquel un acte d'appel était signifié ?

L'administration de l'enregistrement, par sa circulaire n°. 1704, a long-tems, avant cette loi, décidé l'affirmative, mais depuis sa publication, on a voulu infirmer cette décision, sur le motif qu'une loi seule pouvait lever les doutes qui s'étaient élevés à ce sujet ; on a même prétendu que ce serait donner un effet rétroactif à la loi précitée, que de percevoir plusieurs droits d'appel dans l'espèce dont il s'agit.

Il est de principe qu'une loi explicative d'une autre loi, règle même le passé; ainsi il suffit d'examiner si celle du 27 ventose an 9, est ou non explicative de la loi du 22 frimaire an 7.

Voici comme s'exprime l'orateur du gouvernement: « Les significations d'appel, sont des » exploits, et les exploits sont soumis à une » disposition du n°. 3o du paragr. premier » de l'article 68 de la loi du 22 frimaire, » qui porte qu'il est dû un droit pour chaque » demandeur ou défendeur, en quelque nom- » bre qu'ils soient. Cette disposition n'ayant » pas été rappelée sous les paragr. 4 et 5 du » même article, il s'est élevé des difficultés » sur la pluralité des droits des significations » d'appels dans les mêmes cas. L'article 13 » du projet fera cesser ces difficultés, *en expli-* » *quant l'intention de la loi du 22 frimaire* » *an 7.* »

Il ne s'agit donc ici que d'une explication; il est donc certain, d'après la règle ci-dessus, que les dispositions de la loi du 27 ventose an 9, relative à cet objet, doivent être considérées comme faisant partie de celle de la loi du 22 frimaire an 7.

A R T. 786.

JUGEMENT DU TRIBUNAL DE CASSATION.

Droit de déclaration.

Par acte du 6 fructidor an 5 , les citoyens Riviere avaient cédé à leur frère aîné , moyennant 9,000 francs chacun , leurs droits dans l'hérédité de leur père. Son décès n'étant pas constaté sur les registres de l'état civil , les préposés de la Régie avaient dû l'ignorer , et les droits de la succession n'avaient été ni acquittés , ni reclamés. La demande formée le 21 frimaire an 8 , les citoyens Riviere y formèrent opposition , fondée sur ce que le citoyen Rivière , leur père , étant décédé le 14 prairial an 2 , la prescription était acquise contre la demande des droits , et pour établir ce fait , ils firent faire , le 14 nivose an 8 , une enquête devant un juge de paix , constatant qu'Antoine Riviere était effectivement décédé le 14 prairial an 2.

Sur la production de cet acte , le tribunal de première instance de Villeneuve , du Lot , sans égard aux moyens de l'administration , l'avait débouté de la demande , par jugement du 24 thermidor an 8 ; fondé , 1°. sur ce que les héritiers ne pouvaient être responsables de la négligence de l'officier de l'état civil ; 2°. sur ce qu'aux termes des lois , les droits étant ouverts à compter du jour du décès , et se prescrivant par cinq années , à compter dudit jour , il suffit , pour établir la prescription , de produire une preuve légale de la date du décès antérieure de plus de cinq années à la demande des droits ; 3°. sur ce qu'enfin le receveur a eu des moyens suffisans de constater la mutation opérée par le décès dudit Riviere.

L'administration s'est pourvue au tribunal de cassation , et y a exposé que d'après l'article 18 de la loi du 19 décembre 1790 , qui était la seule applicable à l'espèce , la prescription ne devait courir que du jour de l'ouverture des droits ; que sans doute les droits étaient ouverts au décès ; mais que le décès devait être légalement constaté , et qu'il ne pouvait l'être que par l'inscription sur le registre de l'état civil , ou par un acte authentique qui constatât l'entrée en possession des héritiers dans les biens à eux échus ; que suivant les principes du droit public , le citoyen Riviere a dû rester existant aux yeux de la loi , jusqu'à l'instant ou à défaut d'inscription sur le registre de l'état civil , son décès a été constaté par une enquête ; que la demande des droits n'eut donc pu être faite qu'à partir de cette époque, si un acte public antérieur n'eût fait connaître à son préposé la transmission des biens d'Antoine Riviere , opérée au profit de ses enfans.

Ces moyens avaient déterminé le tribunal de cassation à admettre la requête de l'administration , par jugement du 5 ventose dernier , les défendeurs n'ont pas cru pouvoir y opposer de défense , et ont consenti le paiement des droits demandés.

PATENTES.

ART. 787.

RÉCLAMATIONS. MANIERE DE STATUER.

Les répartiteurs des communes pour les contributions directes , doivent-ils être entendus sur les réclamations en fait de patentes ?

Le maire d'une commune prétendait que l'article 6 de l'arrêté des Consuls du 15 fructidor an 8 , portant qu'il sera statué sur les réclamations pour patentes de la manière prescrite par celui du 24 floréal précédent, relatif aux contributions directes, cet article imposait

implicitement l'obligation d'entendre les répartiteurs sur les réclamations concernant les patentes , comme ils le sont, en matière de contribution directe.

Mais le but de cet arrêté n'est que de soumettre les réclamations qui s'élèvent au sujet
des patentes , aux *formes du nouveau régime administratif*, et nullement de les assujettir à toutes
celles prescrites pour les contributions directes
par l'arrêté du 24 floréal , dont beaucoup de
dispositions ne peuvent s'appliquer aux patentes. Dans ce nombre , sont celles qui obligent pour les contributions directes, de prendre
l'avis des répartiteurs. Ceux-ci n'ayant en rien
contribué à l'assiette des patentes , ne doivent
point être consultés sur les réclamations auxquelles elles donnent lieu.

Les employés des contributions directes qui
ont procédé à l'assiette des droits de patente ,
sont, par état, tenus d'éclairer l'administration , sur les réclamations auxquelles leur opération peut donner lieu. Ils remplissent à cet
égard , les fonctions dévolues pour les contributions foncières aux répartiteurs des communes ; et ceux-ci n'ont rien à faire , par rapport aux patentes, puisqu'ils sont suppléés de
droit par ces préposés établis répartiteurs en
cette partie.

Lettre du ministre des finances, au directeur des contributions directes du département de.. du 28 germinal an 9.

ART. 788.

AMENDES.

Peut-on exiger le paiement des amendes prononcées contre les complices des déserteurs, à qui il est accordé une amnistie par la loi du 14 messidor an 7 ?

Non. L'article premier de cette loi porte : « il est accordé une amnistie aux sous-officiers » et soldats qui, prévenus, accusés ou con- » vaincus d'avoir déserté leurs drapeaux, ne » sont point sortis du territoire de la répu- » blique, ou de celui occupé par les armées » françaises ; à la charge par eux de rentrer » en activité de service. En conséquence, toutes » plaintes portées, toutes poursuites exercées » ou jugemens rendus à l'occasion du délit de » désertion à l'intérieur, seront regardés comme » non-avenus. »

Il résulte évidemment de cet article, que par l'effet de l'amnistie accordée aux déserteurs, les jugemens portant condamnation de l'amende contre leurs complices, doivent être regardés comme non-avenus.

(Décision du ministre des finances , du 28 germinal an 9.)

ART. 789.

FRAIS DE JUSTICE.

Les frais de médicamens et de traitemens d'un citoyen blessé par un coup de feu dirigé contre des brigands , doivent-ils être payés en totalité , comme frais de justice ?

Le ministre des finances consulté sur cette question , s'est concerté avec le ministre de la justice , et a décidé qu'il n'y a que les frais de procès-verbal de visite et de premiers pansemens , qui puissent être acquittés comme frais de justice ; que les traitemens et fournitures ultérieures de médicamens , sont à la charge du blessé , sauf son recours , s'il y a lieu , contre le prévenu ; et que dans le cas où le blessé est indigent , il doit être transporté dans un hospice , ou soigné sur les fonds des secours accordés aux pauvres de chaque commune , et dont la disposition est confiée aux municipalités.

(Décision du ministre des finances , du 18 ventose an 9.)

ART. 790.

POURSUITES CONTRE LES AGENS DU GOUVERNEMENT.

L'article 75 de l'acte constitutionnel porte , que les agens du gouvernement ne peuvent être poursui-

vis ,

vis, pour des faits relatifs à leurs fonctions, qu'en
vertu d'une décision du conseil d'état. Cette disposition est commune aux receveurs et autres préposés
de l'enregistrement. Ils sont autorisés à l'invoquer et
protester contre tout ce qui y porterait atteinte.

(Décision du ministre des finances, du 8 nivose
an 9.)

A R T.   791.

C O M P T A B I L I T É.

*Comment les préposés de l'ancienne administration
des domaines, qui seraient en avance d'après
leur compte, doivent-ils en justifier, et par
quelle caisse le remboursement en est-il effectué ?*

Un ancien directeur qui était dans ce cas, avait
établi par les pièces produites à l'appui de sa pétition,
qu'il ne devait rien à la nouvelle administration, et
qu'il était également quitte envers l'ancienne administration des domaines, pour raison de son maniement
en janvier 1791 : mais cela ne prouvait point qu'il
fût entièrement libéré sur les différentes parties de sa
comptabilité des années antérieures.

Pour administrer cette preuve, il faut un certificat
de *quitus* des commissaires de la comptabilité, attes-
tant le solde de tous les comptes envers l'ancienne administration des domaines, et que le comptable est
en avance de la somme de . . . . . Ce certificat qui
fixera l'époque où l'avance a été contractée, servira

Troisième année.   19

de base pour la liquidation et le remboursement de cette somme qui devront s'opérer par la trésorerie nationale.

(Décision du ministre des finances , du 18 germinal an 9.)

TABLE
ALPHABÉTIQUE

ET

RAISONNÉE,

Des objets traités dans les Instructions sur l'Enregistrement, Droits y réunis et Domaines nationaux :

RÉDIGÉES

Par une Société d'Employés de la Régie de l'Enregistrement et du Domaine national.

5e. *VOLUME.*

A.

ABSENS. Droits de succession des absens. Les successions échues depuis l'absence d'un individu qui n'a point donné de preuves d'existence, et avant l'expiration du délai nécessaire pour le réputer mort, sont-elles censées avoir été recueillies par lui, ou ont-elles passé directement sur la tête des parens habiles à succéder, pag. 65

ACTES de décès. Les maires sont tenus de remplir l'obligation qui était imposée aux secrétaires des administrations municipales ; de remettre tous les trimestres, un relevé des actes de décès, 77

— Les receveurs sont-ils autorisés à exiger des héritiers, qui se présentent pour acquitter le droit de mutation par décès

avant l'expiration du délai de six mois , l'extrait de sépulture du décédé ? pag. 84

D.

DÉCÈS.

DÉCÈS. Voyez Actes de décès. Prescription.

DÉCLARATION. Voyez Command.

DÉCLARATION de succession. Voyez Succession.

Troisième année.   20

E.

F.

G.

H.

I.

J.

L.

M.

N.

P.

pour l'entretien des lanternes et réverbères pour le compte de la république.

Les entrepreneurs des mêmes objets pour le compte des villes, sont placés à la cinquième classe.

Les maîtres de pressoir qui font des vins autres que ceux de leur récolte, sont sujets à la patente de cinquième classe.

Les descentes de classe ne sont valables que pour une année.

Les marchands en ambulance peuvent être descendus d'une ou deux classes, le droit proportionnel de leur patente doit toujours être du dixième de leur loyer, sans réduction.

Lorsque le droit proportionnel s'établit d'après la contribution foncière, il se liquide sur le revenu brut, 24 et 25

Troisième année. 21

PRESSOIRS. Les maîtres de pressoir rangés à la cinquième classe pour le droit de patente. Voyez Patentes. 21

PRESTATIONS de serment. Les actes de prestations de serment sont soumis à l'enregistrement sur les minutes, dans les vingt jours de leur date, ceux des avoués sont tarifés à 15 francs, et ceux des gardes des barrières à 3 fr., 70 et 213

— Des préfets, sous-préfets, membres des conseils de préfecture et de département, sont-elles sujettes à l'enregistrement ? 172

— Les actes de prestation de serment des juges, sont-ils soumis à l'enregistrement ? 126

PRISES maritimes. Doit-on pour la liquidation de l'enregistrement des procès-verbaux de ventes de prises maritimes, ajouter les droits de douane à payer par les acquéreurs ? 18

PROCÉDURES en matière de police correctionnelle, 118

— Frais de procédure. La république a-t-elle une action en hypothèque pour le montant des frais de procédure ? Voyez Hypothèques. 179

PROCURATION donnée à l'effet de régir un bien pendant un tems déterminé, moyennant un traitement annuel, comment en liquider le droit ? 262

PROFESSEURS de médecine. Voyez Patentes.

PROTETS. Peuvent-ils être faits par les notaires ? et doivent-ils, dans ce cas, être enregistrés dans les 4 jours, 25½

Q.

QUITTANCE donnée à une caution avec subrogation aux droits du créancier contre le débiteur principal ; de quel droit est-elle passible ? 97

— Quels droits percevoir sur une quittance d'une so mm

donnée par un particulier qui déclare en même-tems que la moitié de cette somme provient de deniers à lui remis par un tiers qui se trouve libéré, et l'autre moitié provient de ses propres deniers, 144

R.

S.

T.

U.

V.

Fin de la Table.

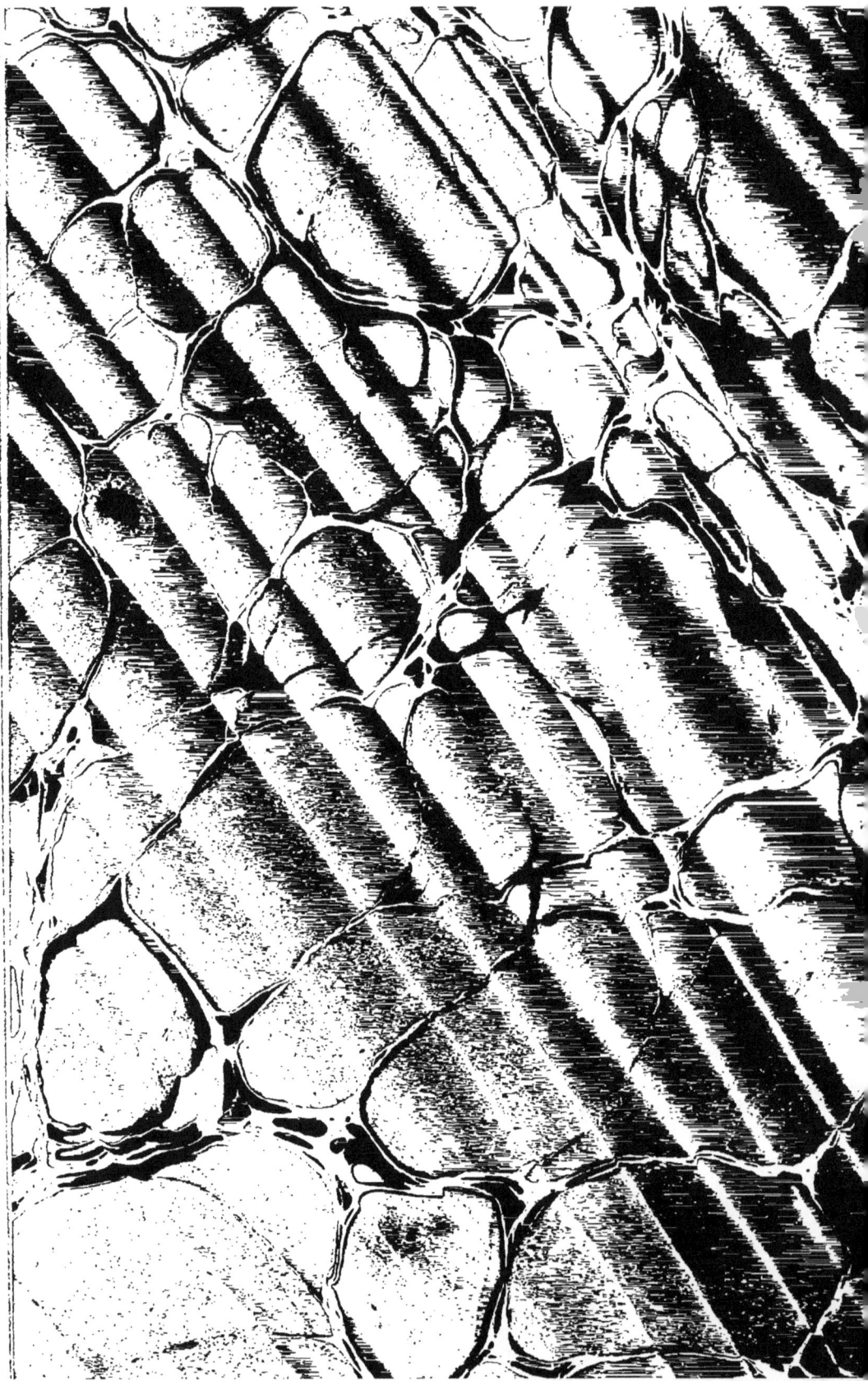